**문과생의
수학 공부**

위북은 '함께'의 '가치'를 소중하게 생각합니다.
독자 여러분들의 소중한 의견이나 투고 원고는
we-book@naver.com으로 보내주시기 바랍니다.

문과생의 수학 공부

ⓒ 위북, 2025

초판 발행	2025년 8월 18일
지은이	김승태 김영인
본문 일러스트	강민경

만든 사람들

편집주간	추지영
책임편집	김혜진
디자인	남상원
마케팅	PAGE ONE
지원	김익수 김태윤 정현주
제작총괄	이옥희
물류	북앤더

펴낸이	강용구
펴낸곳	위북(WeBook)
출판등록	2019. 10. 2 제2019-000271호
주소	서울시 마포구 포은로8길29 105호
전화	02-6010-2580
팩스	02-6937-0953
이메일	we-book@naver.com
ISBN	979-11-91618-29-7 (03370)

문과생의
수
학
공
부

김승태 · 김영인 지음

위북

머리말

수학이라고 하면 진저리치는 사람들이 많다. 나도 학창 시절 시험을 칠 때마다 그랬다. 수학이 무서운 것인지 수학 시험이 무서운 것인지 그 경계가 애매하다. 이제 수학자가 되고 수학 이야기꾼으로서 반격을 하고 싶다. 수학의 딱딱함에 반기를 드는 수학의 자유로움을 보여주고자 한다.

독일 수학자 칸토어가 말한 '수학의 본질은 그 자유로움에 있다.'를 실천하는 이야기를 하고 싶다.

그러나 아이러니하게도 칸토어는 이 말이 씨앗이 되어 정신과 치료를 받게 되고 결국 젊은 나이에 정신병원에서 생을 마감했다.

칸토어는 안타깝게 생을 마감했지만 그의 자유로움은 수학사에 한 획을 그었다. 그는 무한대라는 양념을 가지고 '자연수와 유리수는 같다.'라는 사실을 버무려낸다.

자연수와 유리수가 같다는 말에 역시 수학에 미칠 만한 분이라고 생각하겠지만 이 말은 사실로 받아들여졌다.

칸토어는 일대일 대응이라는 수학의 기초 도구를 이용하면서 무한의 개념을 혼합해서 자유로움 한 방울로 자연수와 유리수가 같다고 증명하는 요리를 내놓았다. 미칠 수 있는 자만이 세상을 바꿀 수 있다.

틀을 깨는 사고는 비단 수학만이 아니라 전 인류에 도움이 되기도 한다. 물론 개인의 발전사에도 일대 혁신을 이루기도 한다.

이제부터 여러분과 수학의 자유로운 상상을 느껴보려고 한다. 아인슈타인이 말했다.

"나는 상상력을 자유롭게 이용하는 데 부족함이 없는 예술가다."

김승태

차례

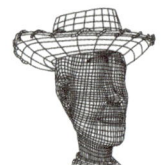  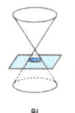   

원　　타원　　포물선　　쌍곡선

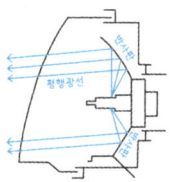

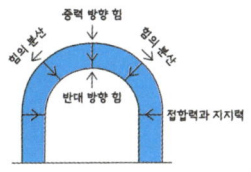

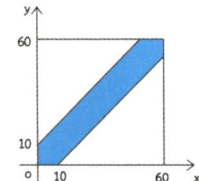
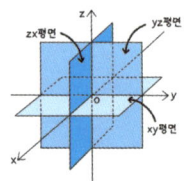

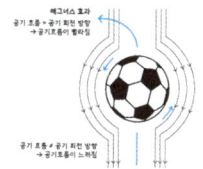 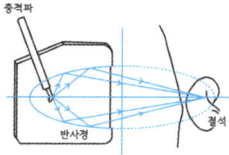 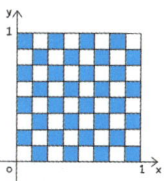

06 조작하지 마라. 확률과 통계

1장

움직임을
잡아내는
함수의
활약상

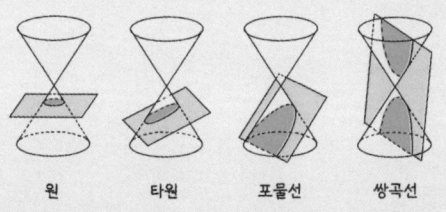

원 　타원 　포물선 　쌍곡선

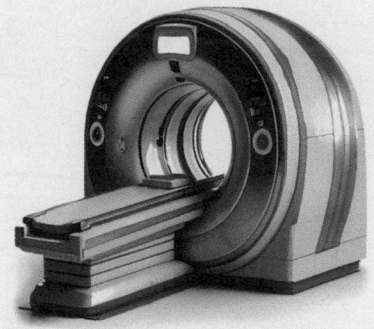

슬램덩크에서 밝히지 않았던
수학의 기술

슬램덩크라는 만화는 가히 실험적인 만화였다. 그 당시 타 인기 스포츠에 비해 농구는 그다지 인기를 얻지 못한 상황에서 슬램덩크 작가는 농구라는 스포츠로 출판사를 찾았다. 편집자들의 반대를 무릅쓰고 연재하기 시작했고 그 후 슬램덩크는 돌풍을 불러일으켰다. 농구라는 스포츠 기술에 정신력, 투지, 대인관계 등등을 절묘하게 풀어내었다. 하지만 여기서 내가 하고 싶은 이야기는 농구 속에 숨어 있는 수학의 비밀을 좀 보여주고 싶을 뿐이다. 농구에서 수학이라고 말하면 눈치 빠르고 수학을 좀 하는 친구라면 당연히 이차함수의 그래프를 말할 것이다.

이차함수는 포물선을 나타내는 그래프이다.

중학교 3학년 때 등장하여 고등학교까지 계속해서 활약하는 그래프이다.

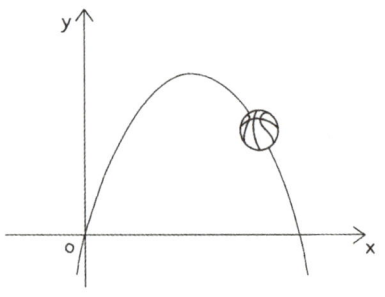

이차함수의 그래프

$$y = ax^2 + bx + c \ (a \neq 0)$$

슬램덩크에서 봤듯이 농구공으로 3점 슛을 쏘면 이차함수의 그 래프 곡선을 그리며 날아간다.

이것 역시 수학이 활용된 것이라 볼 수 있지만 나는 골망을 가르는 확률을 높이는 수학에 대해서도 말하고 싶다.

선수들이 골을 슈팅할 때 왜 역회전을 주는지 알고 있는가? 골이 단번에 들어가면 문제가 없지만 만약 백보드를 이용한다면 역회전 공이 훨씬 골이 될 확률이 높기 때문이다.

일단 역회전이 되지 않는 상태에서 공이 백보드를 맞게 되면 다음과 같은 일이 벌어진다.

회전하지 않은 공이 백보드를 맞으면 들어간 각 그대로 공이 반대로 튕겨져 나온다. 슬램덩크 강백호의 선수 초보 시절 슛이 이렇지 않았을까?

하지만 역회전을 주면 다음과 같은 일이 벌어진다.

역회전 작용으로 공은 골망에 쏙 빨려 들어가게 된다. 농구 선수들은 수학의 원리를 알고 이런 슛을 하는 것일까?

일차함수와 키

옛날 사람들 대부분이 키가 작았다는 것은 편견이라는 견해가 있다. 조선시대 사람들의 키에 대한 자료에 의하면 평균 키가 150 cm 정도라고 한다. 그러면 옛날 사람이 작았다는 말이 맞다고 생각할 수 있지만 그 시기는 임진왜란 이후라서 사람들이 제대로 먹지 못했던 상태에서 남겨진 기록이기 때문에 상대적인 것이다.

일례로 조선시대보다 훨씬 오래전인 삼국시대의 위지동이전을 보면 부여 사람들은 체격이 크고 성질은 굳세고 용감하다라는 대목에서 옛날 사람들의 키가 작지 않았다는 것을 예상할 수 있다.

실제로 최근에 출토된 조선 육군 사령관 미라의 길이는 170 cm 로서 살아생전에는 180 cm가 넘는 큰 체격으로 추정된다. 중국에서 발견된 백제인의 유골 역시 9척이 넘었다는 말이 있다. 경남 진해에서 출토된 가야인의 성인 유골을 보더라도 지금의 평균 키보다 작지 않음을 알 수 있다.

그런데 여기서 함수가 침범할 수 있는 이유를 만들어 낸다. 무슨 말인가 하면 출토된 유골이 전부가 아니라 일부인 경우가 많기 때문이다. 옛날 사람들의 유골 전체만 있다면 문제될 것이 없는데 일부의 유골만 발굴된 것이 많기 때문이다. 그래서 고고학자들은 일차함수에게 도움을 요청하게 된다.

함수는 변수들의 관계를 이용하여 값을 얻어 낼 수 있는 기능을 지니고 있다.

함수

수학에서 함수 또는 사상은 어떤 집합의 각 원소를 다른 집합의 유일한
원소에 대응시킨다. 즉, 한 변수의 값에 따라 정해지는 다른 변수의 값을
먼저 주어지는 값에 상대하여 일컫는 말이다.

뼈에 명칭을 하나씩 달아두자.

대퇴골(F), 경골(T), 상박골(H), 요골(R)의 길이로 키(h)를 구하
는 일차함수 식을 이용하면 뼈의 한 부위로도 그 사람의 생전의 키
를 알아낼 수 있게 된다.

그래서 다음과 같은 일차함수
식을 얻게 된다.

뼈만 들고 오면 어느 부위라도
상관없이 수학이 생전의 키를 알
게 해준다.

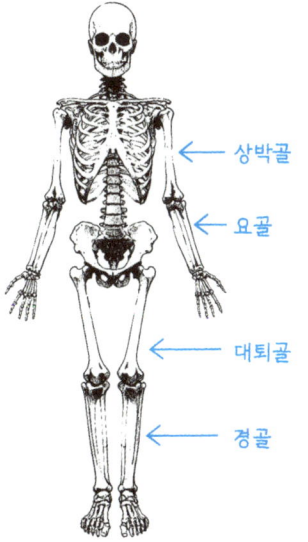

상박골 ←

요골 ←

대퇴골 ←

경골 ←

남자	여자
h = 2.2F + 69.1	h = 2.3F + 61.4
h = 2.4T + 81.7	h = 2.5T + 72.6
h = 3H + 73.6	h = 3.1H + 65
h = 3.7R + 80.4	h = 3.9R + 73.5

(단위; cm)

미분이 이런 일까지

수학자들은 미분을 수학의 꽃이라고 불렀지만 학생들에게는 7대 난제나 마찬가지였으리라.

하지만 현재 일상생활 곳곳에서 활약을 펼치는 인물로는 미분만 한 것이 없다.

오죽하면 미분을 가지고 서로 발명했다며 두 수학자 뉴턴과 라이프니츠가 다투기까지 했으랴.

한판 다툼의 결말은 미분의 공동 발견으로 역사는 판정하여 기록하고 있다. 미분은 움직이고 변화하는 대상의 "순간적인 변화"로 설명할 수 있다.

또한, 달리고 있는 사람의 속력 변화나 따뜻한 음료가 식어갈 때의 온도 변화, 그리고 지구 주변을 도는 행성의 움직임 등 계속해서 변화하는 현상을 표현할 수도 있다.

미분은 영화에도 쉽사리 적용된 사례를 만나볼 수 있다. 픽사의 대표작 '토이스토리'에서 미분이 적용되었다.

토이스토리에서 스티브 잡스는 미세하게 다른 그림을 빠르게 넘기는 방식으로 움직임을 표현하였던 기존 방식과 달리 그가 영입한 수학자들은 작가들이 그린 그림을 미분 공식으로 수식화하기 시작했다.

수식화된 그림은 크기가 커지거나 동작이 달라져도 선이 어떻게 이어질지 예측이 되기 때문에 미분을 활용하여 하나의 그림만으로 다양한 크기와 움직임을 표현할 수 있게 되었다.

미분 공식을 활용하여 수작업을 줄인 덕분에 제작 기간도 짧아지고 비용도 적어져 '토이스토리'는 대성공을 이룬다.

영화뿐만 아니라 음악에서도 미분이 활용되는 이야기를 해 보자.

바이올린은 현을 진동시켜서 소리를 내는 악기다.

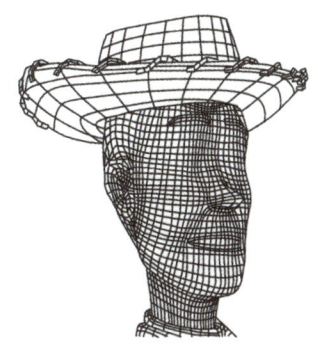

미분을 활용한 토이스토리의 캐릭터 작업

현의 진동수는 현의 길이(L), 밀도(ρ), 장력(T) 등에 의하여 결정된다. 수학은 바이올린의 현의 진동수 f를 다음과 같은 식으로 표현해 준다.

$$[현의 \ 진동식] \quad f = \frac{1}{2L}\sqrt{\frac{T}{\rho}}$$

진동수 f를 살펴보면 현의 길이를 2배 하여 나눈다. 그리고 장력을 밀도로 나누면서 루트로 가두어 곱하면 식은 우리에게 진동수라는 것을 알려줄 것이다.

다시 말해, 현의 장력 T가 일정한 값이면 진동수 f는 길이 L에 대한 분수함수이고, 현의 길이 L이 일정한 값이면 진동수 f는 장력 T에 대한 무리함수이다.

진동수는 무리함수와 분수함수의 콜라보라고 볼 수 있다.

이때, 현의 길이 L 또는 현의 장력 T에 대한 진동수 f의 변화율에 따라 같은 악기에서 나오는 소리가 달라지기 때문에 연주자들이 이와 같은 변화율에 대하여 좋은 소리를 낼 수 있게 되는 것이다. 좋은 소리에는 항상 수학이 첨가되어 있다는 사실을 기억해라. 이것이 수학의 품격이다.

인간은 본능적으로 수학을 좋아한다. 언제나 환경이 문제다.

우리 생활 곳곳에서
활약하는 미분

변화를 상대하는 수학이 미분이라고 했다. 미분은 미분적 사고를 지니고 있다. 아래 그림과 같이 곡선을 잘게 잘라 부분적으로 인식하여 직선적 사고를 하는 것이 바로 미분적 사고이다.

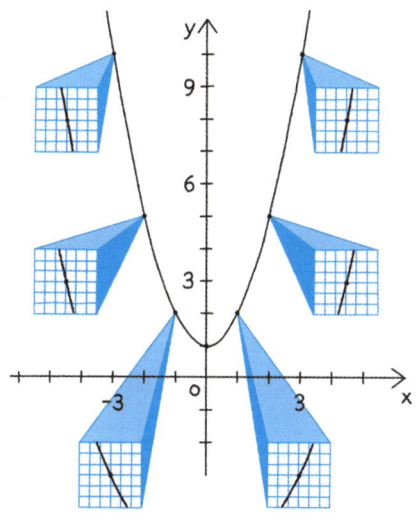

이처럼 미분은 아주 세세함을 다룬다.

우리 생활의 전반에 걸친 미분적 사고에 대해 좀더 알아보자.

박물관 속 미분적 사고

박물관에 가면 토기들이 있다. 토기들은 발굴 당시에는 미분처럼 잘게 부서져 있다. 이것을 하나하나 연결하여 완성시킨 것이 바로 박물관 속 토기이다.

잘게잘게 쪼개진 것을 하나로 연결시키는 것에는 반드시 미분적 사고가 필요하다.

지구에서의 미분적 사고

우리는 지구에 살고 있다. 갑자기 웬 지구 이야기냐고? 지구에도 미분적 사고를 적용시킬 수 있기 때문이다.

인공위성에서 지구를 찍어 보면 지구는 동그란 곡면임을 알 수 있다. 하지만 우리가 서 있는 부근을 보라. 부분적으로 생각하면 지구의 곡면이 동그랗다는 것을 느끼지 못한다. 이 역시 미분적 사고의 일부이다.

병원에서의 미분적 사고

자, 이제는 병원으로 가보자. 병원에서 사용하는 컴퓨터단층촬영CT은 우리 몸의 내부를 얇게 자른 영상을 계속 이어 붙여 병의 여부를 판단하는 방법의 촬영기술이다. 이런 원리가 바로 미분적 사고라고 볼 수 있다.

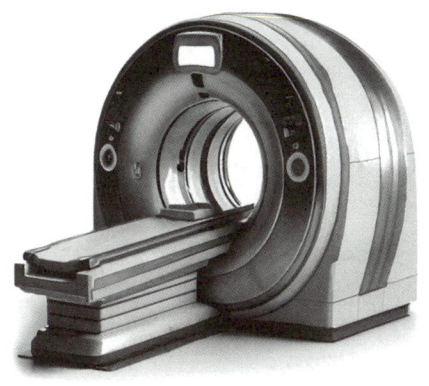

[CT 촬영]

디지털과 아날로그 속 미분적 사고

이번에는 디지털과 아날로그에서 미분적 사고를 들여다보자. 본래 소리는 공기의 파동이므로 연속적인 곡선 형태를 지닌다. 이 것을 디지털 정보로 변환하면 불연속적인 정보로 바뀐다. 이렇게 저장된 정보를 다시 복원하려면 연속하는 두 점을 직선으로 이어 주면서 원래의 곡선과 유사하게 만들어 내면 가능해진다. 이때, 접 선을 이용하면 일부가 훼손된 부분도 복구할 수 있다.

우리는 이렇게 수학의 미분을 미분적 사고로 확장시켜 활용할 수 있다. 세상은 온통 미분으로 범벅이 되어 있다고 볼 수 있다.

곳곳에서 일하고 있는
이차곡선들

일단 이차곡선과 일면식을 해 보자.

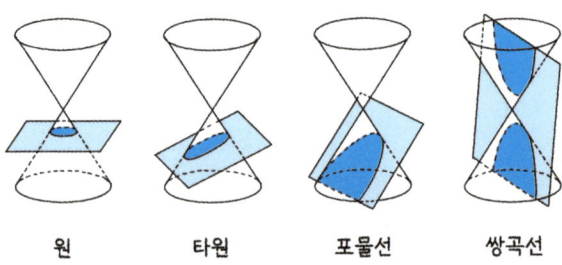

| 원 | 타원 | 포물선 | 쌍곡선 |

원, 타원, 포물선, 쌍곡선을 종합 선물 세트로 장식한 수학자는 아폴로니우스이다.

아폴로니우스Appolonius, B.C. 262~200는 원뿔 곡선론conics을 썼는데 이 책에 원뿔 곡선의 이름이 나온다.

타원ellipse, 포물선parabola, 쌍곡선hyperbola 그리고 원circle이 있다. 방정식으로 나타냈을 때 식의 차수를 보고 이차곡선으로 부르기도 한다.

4개의 이차곡선의 종합 선물 세트를 식과 함께 나타내 보자.

원

원의 중심이 (a, b)이고 반지름이 r인 원의 방정식

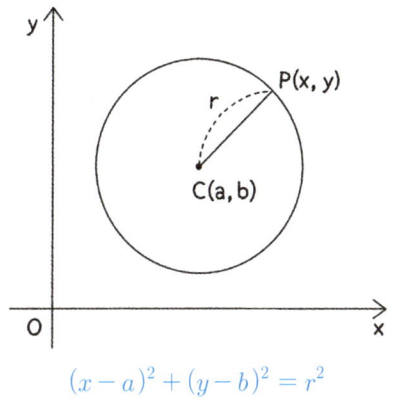

$$(x-a)^2 + (y-b)^2 = r^2$$

타원

타원楕圓은 평면 위의 두 정점에서 거리의 합이 일정한 점들의 집합으로 만들어지는 곡선, 혹은 원의 정사영이다.

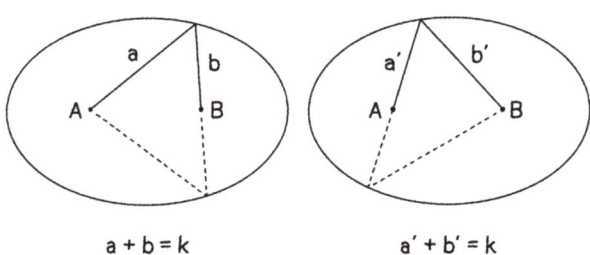

a + b = k   a' + b' = k

a와 b의 합이 같은 녀석들을 모으면 달걀 같은 모습의 타원이 만들어진다는 뜻이다.

타원을 정의하는 기준이 되는 두 정점을 타원의 초점이라고 한다. 타원의 그림에서 두 초점으로부터의 거리가 같은 점 둘을 잇는 선분, 즉 2개의 초점을 연결한 선분의 수직이등분선을 단축짧은 축이라고 하며, 두 초점으로부터의 거리의 차가 최대인 두 점을 잇는 선분을 타원의 장축긴 축이라고 한다.

또한, 단축의 반은 짧은 반지름, 장축의 반은 긴 반지름이라고 한다. 원보다는 설명이 복잡하다. 두 초점이 가까울수록 타원은 원에 가까워지며, 2개의 초점이 접어서 일치했을 때의 타원은 원이 된다. 따라서 원은 타원의 특수한 경우라고 생각할 수 있다.

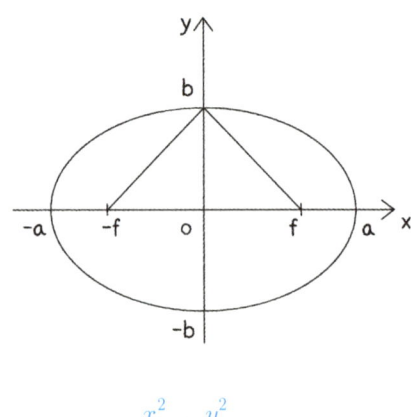

$$\frac{x^2}{a^2} + \frac{y^2}{b^2} = 1$$

포물선parabola은 한 점과 그 점을 지나지 않는 한 직선에 이르는 거리가 같은 그 점과 그 직선을 포함하는 평면 위의 점의 자취이다. 아래 그림을 유심히 관찰하면 알 수 있다. 이때 그 점을 그 포물선의 초점(그림에서는 F로 나타남)이라 하고 반대편에 있는 직선을 그 포물선의 준선이라 부른다.

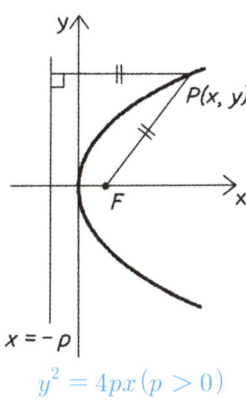

$$y^2 = 4px \, (p > 0)$$

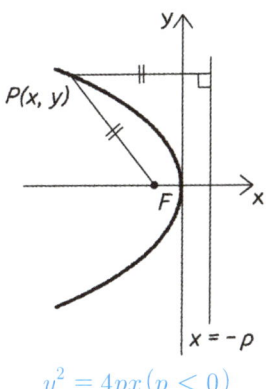

$$y^2 = 4px \, (p < 0)$$

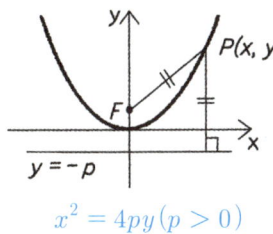

$$x^2 = 4py \, (p > 0)$$

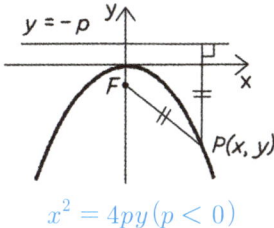

$$x^2 = 4py \, (p < 0)$$

쌍곡선

쌍곡선은 평면 위에 있는 두 정점으로부터의 거리의 차가 일정한 점들의 집합으로 만들어지는 곡선을 말한다.

곰곰이 생각하면 좀 신기하지 않나. a에서 b를 뺀 것들의 길이가 같은 것들을 다시 점으로 이어 보면 쌍곡선이 생겨난다는 것. 신기하기 짝이 없다. 이처럼 세상은 아는 만큼 느끼게 된다.

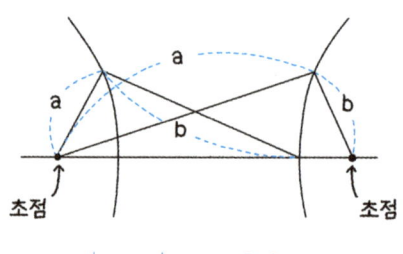

$$|a - b| = k \, [\text{일정}]$$

기준이 되는 두 정점을 초점이라 한다.

타원과 이차곡선의 활약상

타원은 의료 분야에서 활약을 하고 있다. 타원 속에 있는 초점의 성질로 신장결석 파쇄기라는 의료기기에 활용된다. 인체에 발생한 결석을 타원의 한 초점의 위치에 놓고, 다른 한 초점에 충격파를 발생시키면 충격파는 끊임없이 타원 형태의 벽면에 반사되면서 결석에만 집중적으로 날아가면서 결석만 때려 부수며 박살을 내버린다.

기특한 타원이다. 의료 현장에서 열심히 자신의 의무를 다하고 있었구나.

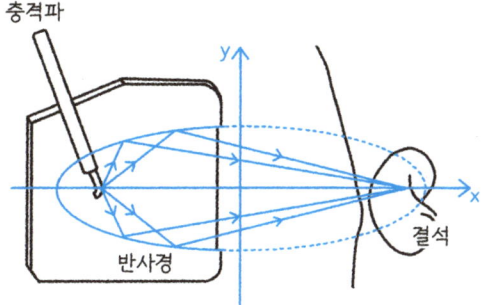

이번에는 포물선이 어떻게 쓰이는지 알아보자.

밤이 되면 도로에서 포물선들이 자신의 임무를 다하며 활약을 하게 된다. 그들은 자동차 헤드라이트의 불빛으로 활약하는데 전구에서 나온 빛을 단면이 포물선 모양으로 된 반사경에 받아 평행광선으로 내보낸다. 포물선의 성질을 제대로 이용한 경우이다.

$y^2 = 4px$(포물선의 수학적 이름)라는 식이 이런 멋진 일을 하다니! 수학의 이차곡선들은 대단하다.

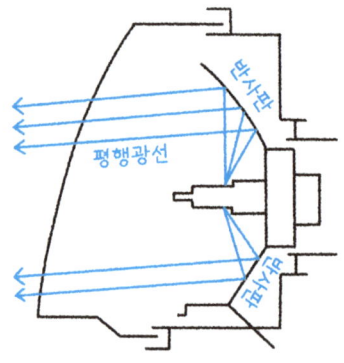

이제 마지막으로 쌍곡선.

쌍곡선은 인간의 목숨을 지키는 역할을 하고 있다.

미국 펜실베이니아 원자력발전소 냉각탑에서 쌍곡선의 도움을 받고 있다.

쌍곡선을 이용하면 수직 구조물보다 외부의 힘에 보다 안정적으로 버틸 수 있는 장점이 있어 많이 사용되고 있다. 원자력 사고는 대형 사고를 일으킬 수 있을 정도로 위험한 것이다.

우와. 이들을 배우는 이유가 다 있구나. 누가 이차곡선을 무시할 수 있으랴.

그런데 그 옛날 이런 구조물과 자동차, 결석 파쇄기를 몰랐던 수학자 아폴로니우스는 이차곡선들이 이런 대활약을 할 줄을 알고 있었을까?

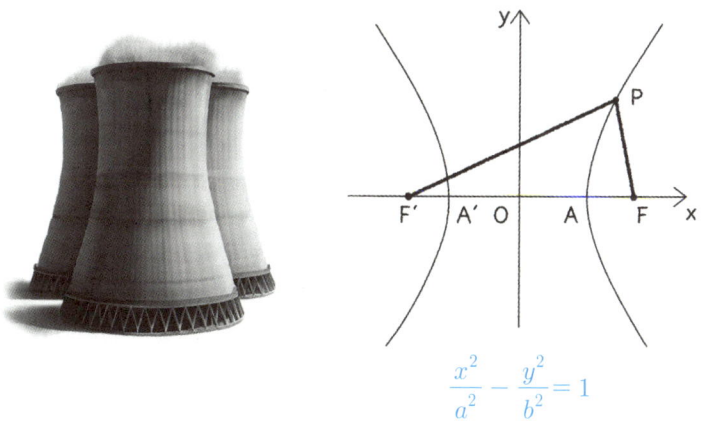

$$\frac{x^2}{a^2} - \frac{y^2}{b^2} = 1$$

에스키모인이 이글루에
수학을 투입하다

　에스키모인이 이글루로 집을 짓는데 북극곰이 나타나서 집을 부쉈다. 그래서 수학을 좋아하는 에스키모인이 이글루를 지을 때 수학을 이용하였더니 북극곰이 남극으로 갔다는 허무맹랑한 이야기가 있다.

　이때 에스키모인이 수학을 이용하여 지은 이글루는 힘의 합성을 이용한 것이다.

　이글루를 네모나게 만들어도 되는데 왜 힘들게 에스키모인들은 천장이 돔 형식인 둥근 모양으로 만드는 것일까?

　이글루의 벽이나 천장은 직육면체의 눈덩어리를 연결하여 만든다. 왜 이렇게 힘들게 돔 형식으로 만드는 것일까? 그냥 직육면체 형태로 만들면 쉽지 않을까?

　쌓인 눈이 곡면을 타고 밑으로 잘 떨어지도록 하려는 이유도 있지만 돔 형식으로 만드는 것이 더 튼튼하기 때문이다.

한 가지 실험을 하도록 하자.

눈덩어리를 나란하게 연결하여 천장을 만들었을 때 갑자기 천장에서 툭 떨어지기라도 한다면 생각만 해도 끔찍하다.

그래서 에스키모인은 비스듬하게 아래에서 지탱할 수 있는 방식을 선택하는 것이다.

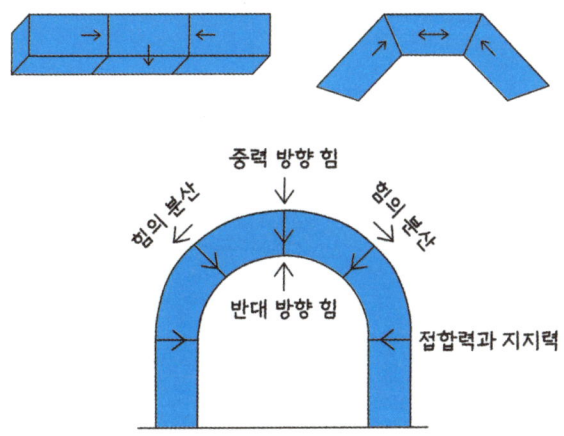

사다리꼴 모양의 눈덩어리를 둥글게 연결하고 2개의 직육면체 모양의 눈덩어리가 돔 형태를 충분히 받쳐줄 수 있게 되어 안전하게 단잠에 빠질 수 있다.

여기서 힘은 크기와 방향성을 가지게 되는데 수학을 좀 하는 친구들이라면 크기와 방향성이라는 말에 어떤 수학 용어가 떠오를 것이다. 바로 벡터다.

벡터

역학에서의 속도, 가속도, 힘과 같이 크기, 방향을 갖는 양이다.

벡터는 화살표가 힘의 방향을 나타내고, 선의 길이가 힘의 크기를 나타낸다.

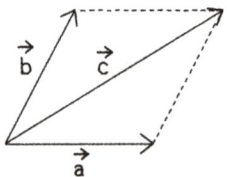

$\vec{a}$와 $\vec{b}$로 힘이 가해지면 $\vec{c}$쪽으로 힘이 더해진다. 참고로 $\vec{a}$는 벡터 a라고 읽는다.

힘 a와 b가 합성되었을 때 a와 b의 실선을 맞닿은 변으로 하는 평행사변형 대각선 c로 방향과 크기의 힘이 합성된다. 이것이 벡터를 이용한 힘의 합성이다.

이러한 이유로 이글루는 사각형 모양보다 둥근 모양일 때 더 단단한 힘을 발휘하게 되는 것이다. 그래서 북극곰이 남극으로 가게 된 것이다. 황당한 이야기에 수학이 담겨져 있었네.

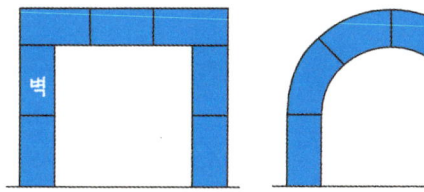

벽

사실 에스키모인만 수학을 활용하고 있는 것은 아니다. 우리 주변에도 터널 속 천장, 교회의 둥근 천장, 돔 야구장, 무지개다리, 아치모양의 문 등에 벡터의 합성이라는 수학 한 모금이 들어가 있다.

이것은 적은 힘으로 안전하게 천장을 지탱하기 위한 수단이 된다. 수학의 효율성을 빌려온 것이다.

내가 공을 최대한 높이 띄울 테니
우리 편들은 모여 봐

우리가 공을 최대한 멀리 차거나 던지려면 지면으로부터 발사각이 45°가 되어야 한다. 공기항력을 고려하지 않는다면 대체적으로 이것이 가장 유효하다. 그런데 축구 같은 경우 공을 멀리 차는 것도 중요하지만 코너킥을 할 때는 공의 체공 시간을 늘려 우리 편이 정비할 시간을 버는 것도 상당히 중요하다.

거리보다는 시간에 투자하는 킥 차기이다. 키커가 공을 높이 찼을 때 자기편의 선수들이 최대한 많이 자리를 잡을 수 있도록 시간을 벌기 위한 킥이 되어야 한다.

이제 이런 킥을 차려면 어떠한 수학식을 이용하는지 보자.

속도를 V라 하고 지면에 대한 각을 θ라 하면 킥을 한 공이 포물선의 경로에 따라 움직이는 거리의 식은 다음과 같이 만들어진다.

$$R = \frac{V^2}{g} \times \sin 2\theta \ (g = 9.8 m/s^2 은 중력가속도)$$

속도 V를 제곱으로 증폭시키면 sin은 높이와 연관된 삼각비이므로 위와 같은 식을 통한 체공시간을 계산해 낼 수 있다.

높이가 포함되어 있는 삼각비는 탄젠트와 사인인데 이 식에서는 사인이 활약을 한다. 이때 최대 사거리가 나오는 것은 $\sin 2\theta$가 최댓값으로 1이 되면 여기서 좀 수학적으로 풀면 sin의 값은 −1에서

1까지 움직이는데 1이 되면 최댓값이 된다.

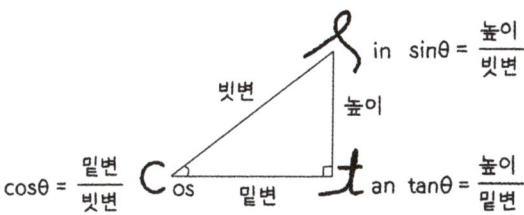

그럼 2θ의 값이 1이 되면 sin의 값은 $90°$이다. 여기서 또 하나의 풀이를 첨삭한다.

왜 $90°$가 되는지는 sin함수의 그래프를 보면 알 수 있다.

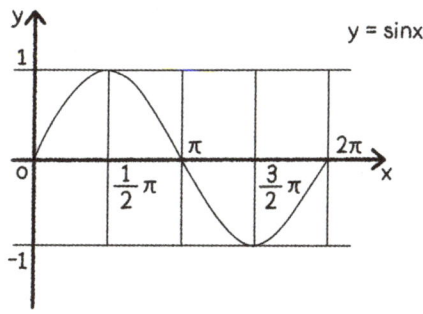

그림에서 보면 $\frac{1}{2}\pi$는 일반각으로 고치면 $90°$이다. 사인 파도의

모습이 90°일 때 가장 높이 솟구쳐 있다.

따라서 2θ를 90°로 두면 θ의 값은 그것의 반으로 45°가 됨을 알 수 있다.

이것은 일반적인 식이고 우리는 공의 체공시간을 충분히 늘려야 하는 숙제를 지니고 있으므로 이 식에서 R값을 고정시켜야 체공시간이 길어진다.

즉, 공의 낙하지점이 정해져 있을 때 어떤 각도로 공을 차야 가장 오래 공을 머물게 할 수 있을지가 관건이 된다.

각도를 머금고 있는 삼각비 중 sin을 택하여 A의 사인값은 $(180-A)$의 사인값과 같으므로 $\sin 2\theta = \sin(180-2\theta)$와 같다.

수학을 좋아하는 친구들을 위해 이것을 살짝 언급해 보자.

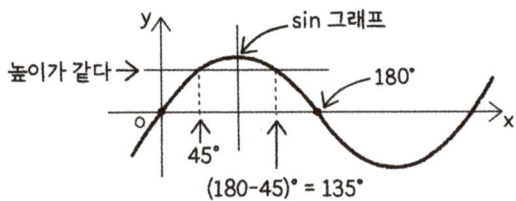

$$\sin 45° = \sin 135°$$

그래서 도달거리 R는 발사각에 대해서나 $90-\theta$에 대해서나 같아진다. 약간의 변수에 대한 조작이 필요하겠지만.

완만한 발사각 15°로 얻는 도달거리는 발사각 75°에 따른 높은 비행경로로 얻는 도달거리와 같게 된다.

발사속도에 대한 변수는 제외하고 생각하자.

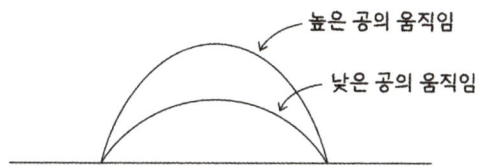

높은 공의 움직임

낮은 공의 움직임

당연히 높이 올라간 공의 체공시간이 더 긴 것은 사실이지만 이런 수학 계산에 몰입하는 이유는 좀 더 작은 차이를 알아내고 싶은 수학적 마음에서다.

축구를 해 본 친구라면 알겠지만 순간의 선택으로 승패가 결정된다는 것을 알고 있다. 육상에서 1위와 2위는 0.01초 정도의 아주 작은 차이로 결판이 나듯이 축구라는 승부의 세계에서도 순간의 선택이 승패를 좌우하는 경우가 비일비재하다.

짧은 순간의 체공시간 동안에도 공격수의 머리로 상대의 골망을 가른다.

자, 이제 다시 돌아와서

공이 거리 R를 만드는 데 걸리는 시간은 $\dfrac{R}{V\cos\theta}$이다.

여기서 속도 V에 대해서 이의가 없는데 cos(코사인)이 들어가는데 의문이 생긴다면 다음 그림을 보며 이해할 수 있을 것이다.

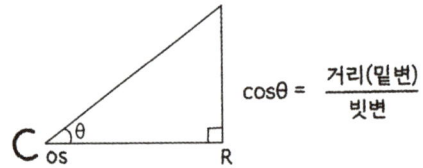

$$\cos\theta = \frac{거리(밑변)}{빗변}$$

R까지의 거리가 바로 코사인의 밑변에 해당된다.

계산식을 통해 알아낼 수 있는 사실은 75°로 차 올린 공의 체공시간은 15°로 차 올린 공보다 체공시간이 3.7배 더 길게 되고 공은 14배 더 높이 올라가게 된다.

이처럼 수학의 포물선, 즉 이차함수는 지능적으로 플레이하는 축구 선수에게 또 하나의 무기가 될 수 있을 것이다.

"네가 코사인 지점에 머물고 있어봐. 내가 사인으로 쏘아 올릴 테니.
너는 너의 머리 마찰계수를 이용하여 골망을 가로지르면 돼."

축구에 대한 말도 안 되는 망상력으로 나의 수학머리가 돌아가고 있다.

직선보다 빠른 곡선,
생명을 살리기도 하고 죽이기도 하는 곡선

직선보다 빠른 곡선이라. 일단 상식선에서는 약간의 의아함을 남긴다. 그러나 자연계에서는 이런 사실을 알고 있었다.

만약 당신이 배고픈 독수리라면 땅에 보이는 먹음직한 토끼에게 직선으로 날아갈까? 아니면 곡선으로 날아가 사냥을 하겠는가?

우리는 일반적으로 독수리는 시간이 더 걸릴 것 같은 곡선으로 멍청하게 사냥을 한다고 생각한다. 사냥감이 도망가면 어쩌려고. 하지만 수학을 좀 아는 친구라면 독수리의 곡선 공격이 현명하다는 것을 알 것이다. 독수리의 선택은 직선보다 빠른 곡선이었기 때문이다.

직선보다 빠른 곡선? 그 정체는 바로 사이클로이드 곡선이다.

사이클로이드 곡선

사이클로이드(cycloid) 또는 파선은 직선 위로 원을 굴렸을 때 원 위의 정점이 그리는 곡선이다. 사이클로이드는 룰렛(커브 위에 다른 커브를 돌리면 나오는 커브)의 일종이다.

말이 어렵다. 그림을 보자.

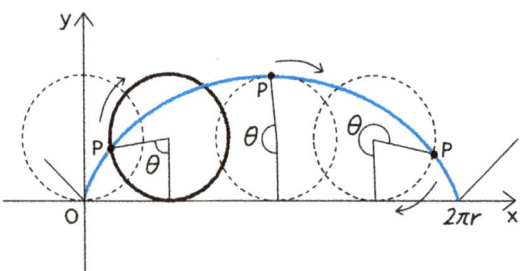

원 위의 정해진 한 점에서의 움직임이 바로 사이클로이드 곡선을 만들어 낸다.

일상생활에서 자전거 바퀴에 점을 찍어두고 자전거가 움직일 때마다 찍힌 정점들을 모아 그 움직임을 관찰하며 모으면 사이클로이드 곡선을 이루게 된다. 직선보다 빠른 곡선의 사이클로이드 곡선.

저렇게 움직이는 곡선은 언제나 직선보다 빠르다.

직선을 이기는 강력한 곡선의 방정식은 다음과 같은 삼각비를 포함한 식이 된다.

$$x = r(t - \sin t)$$
$$y = r(1 - \cos t)$$

반지름 r와 1, sin, cos이 괄호를 이용한 조화를 이루면서 사이클로이드 곡선의 방정식을 만들어 낸다.

직선과 사이클로이드 곡선을 비교한 그림을 보고 다시 이야기하자.

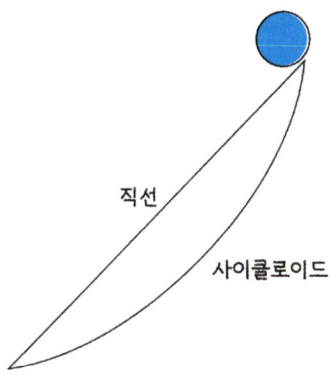

직선

사이클로이드

　위 그림에서 직선과 사이클로이드 곡선이 있다. 2개의 공을 동시에 굴린다면 공이 빨리 도착하는 것을 실험해 보면 언제나 빨리 움직이는 것은 사이클로이드이다. 더 먼 거리로 가는데 더 빨리 도착하다니. 신기할 따름이다.

　사이클로이드의 이러한 특성을 최단강하곡선이라고 한다. 또한 사이클로이드 곡선 위에서 굴리는 공의 위치가 달라도 바닥에 도착할 때까지 걸리는 시간은 똑같다. 이러한 성질을 나타내는 곡선을 등시곡선isochrone curve 이라고 한다.

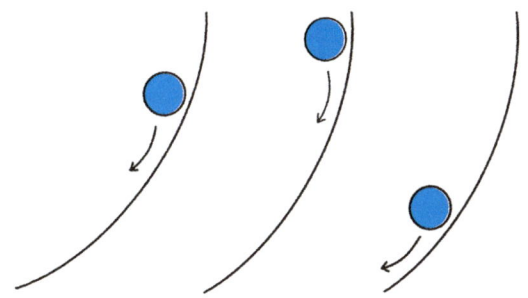

사이클로이드 곡선 위에서는 어느 위치에 공을 두더라도 도착 시각이 같아진다는 사실이 신기할 따름이다. 이 사실은 상식선에서 납득이 되지 않을 정도로 놀랍지만 실험을 통해 보면 사실임이 입증된다.

그리고 그 이유를 정확히 말하면 가속도와 중력의 힘.

이런 사이클로이드 곡선은 오래전부터 많은 수학자와 과학자들이 관심을 가지고 연구되어 왔었다.

사이클로이드 곡선은 1501년 프랑스의 수학자 부벨Bouvelles이 '움직이는 원 위의 한 점에 의하여 생성되는 곡선'이라는 문서에서 원의 넓이를 구하기 위해 사이클로이드 곡선을 이용했다는 기록이 있다. 이후 갈릴레오 갈릴레이는 밑변과 사이클로이드 곡선이 이루는 넓이가 그 곡선을 만들게 하는 원의 넓이의 3배라는 사실을 알아냈고, '사이클로이드'라는 이름도 갈릴레이가 붙였다. 이후 많은 수학자들이 계속해서 사이클로이드 곡선을 연구하였다.

영국의 건축가이자 천문학자였던 크리스토퍼 렌Christopher Wren은 사이클로이드 곡선의 길이가 곡선을 이루게 하는 원의 지름의 4배라는 사실 역시 증명해 낸다. 지금 생각하면 미적분으로 간단히 증명할 수 있는 내용이지만, 과거엔 기하학적인 방식만을 사용했기 때문에 웬만한 노력으로는 결과를 도출하기 어려웠을 것이다. 끈기의 힘이었다.

최단 시간 강하 곡선에 대해 많은 연구를 한 수학자는 스위스의 수학자 요한 베르누이이다. 그가 당시 유럽의 수학자들에게 이 곡선에 대한 문제를 내기도 했었는데 한 점에서 다른 점으로 공이 중력에 의해 내려갈 때, 가장 빠른 경로(곡선), 즉 사이클로이드 곡선을 찾아내라는 것이었다. 뉴턴, 라이프니츠, 로피탈이 풀이에 성공했고, 특히 뉴턴은 단 하루 만에 해결했다. 이때 뉴턴은 자신의 이름을 밝히지 않았는데 베르누이는 풀이를 보고 그를 단박에 알아보며 한마디 했다.

"사자는 발톱만 보고도 알 수 있다."

사이클로이드 곡선은 많은 수학자들에게 연구 대상이었다. 그 후 사이클로이드는 미적분이나 해석기하학 등의 탄생에 이바지하게 된다.

사이클로이드 곡선은 여름철 우리를 시원하게 인도하는 환상의 장소 워터파크에서 찾을 수 있다. 바로 워터슬라이드에서 사이클로이드 곡선이 나타난다.

사이클로이드

놀이터의 미끄럼틀을 자세히 보면 직선이 아닌 사이클로이드 곡선 형태로 휘어져 있는 것이 보일 것이다. 이것은 일반적인 미끄럼틀보다 더 빨리 내려오게 하여 아이들이 더욱 재미나게 놀 수 있게 하기 위함이다. 그런데 워터슬라이드에서는 조심해야 할 사항이 있다. 앞서 출발한 이용자가 완전히 도착점에 도달하기 전에 미리 다음 이용자가 탑승하는 것을 엄격히 제한하고 있는데, 이는 어느 지점에서 출발하더라도 도착 시간이 같다는 사이클로이드 곡선의 특징 때문에 충돌 사고에 대한 조치다. 앞에서 말한 등시 곡선의 설명을 보면 이해가 된다. 놀이공원의 롤러코스터도 가장 빠른 속도로 내려오게 설계하기 위해 사이클로이드 곡선의 신세를 지고 있다.

아무튼 수학은 우리에게 무시무시한 과목이기도 하지만 이렇게 숨어서 우리에게 짜릿한 즐거움을 주기도 한다.

이차함수를 즐기는
높이뛰기 선수

날고자 하는 인간의 욕망 말고도 높이 뛰고자 하는 인간의 욕망도 존재한다. 그런 욕망을 겨루는 스포츠가 있다. 높이뛰기와 장대높이뛰기이다.

이 스포츠를 하려면 자신의 힘과 에너지를 이용하여 지구의 중력을 차고 올라가야 한다. 중력이란 일반인들에게 거의 느낌이 없이 사용되고 있다.

하지만 섬세한 기록의 스포츠 세계에서는 이런 중력을 피부로 느껴야 한다.

높이뛰기 선수들은 자신의 동작에서도 수학을 적극 이용하게 된다. 한결같이 높이뛰기 선수들은 이차함수를 즐기고 있다. 아니 경쟁을 위해 적극적으로 활용하고 있다.

이차함수가 보이지 않는다고? 높이뛰기 바를 넘으려면 선수들의 신체를 활처럼 최대한 휘게 만들어야 한다. 그게 바로 이차함수의 섬세함이다.

이차함수의 그래프의 최고차항이 음수일 때 생기는 곡선의 모양과 같다.

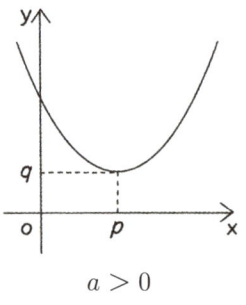

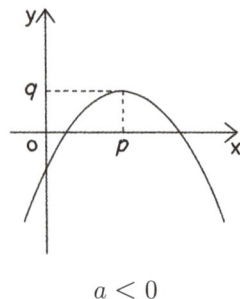

$$a > 0 \qquad\qquad a < 0$$

위 그래프에서 오른쪽이 최고차항 a가 음수인 상태로 높이뛰기 선수들이 활용하고 있는 것이다.

높이뛰기 선수들은 y라는 속도로 수직으로 자신의 신체 m을 이차함수의 포물면으로 간주하여 쏘아 올린 높이를 H라 하면 다음과 같은 공식이 유도된다.

$$y^2 = 2gH \ (g\text{는 중력을 나타내는 상수})$$

높이뛰기 선수의 승패는 위 방정식에서 H가 결정하게 된다. H를 어떻게 위치에너지 MgH로 전환하는지가 승패의 관건이다.

까다로운 이야기지만 여기서 H는 선수가 뛰어넘어야 할 높이의 약자가 아니다. 이건 선수들의 무게중심이 올려지는 높이라고 보아야 한다.

자자, 어려운 이야기를 하나씩 풀어 보도록 하자.

일단 선수들의 입장에서 보면 바(bar)를 넘어야 한다. 하지만 그들의 무게중심은 최대한 바(bar)보다는 아래에 있어야 유리하다.
다시 이야기 해보면 몸은 넘어야 할 바 위에 있어야 되고 선수들의
무게중심은 바 아래에서 형성되어야 성공할 확률이 높다는 소리
다. 그림을 보자.

선수들의 몸이 이차함수의 모습(최고차항의 계수가 음수인 모습의 그
래프)이 되어야 자신의 신체 밖에서 무게중심을 형성할 수 있게 되어
바를 효율적으로 넘게 된다. 이런 무게중심 잡기에 실패하면 바를 제
대로 넘을 수 없게 된다. 높이뛰기 선수들은 자신의 신체를 이차함수
의 그래프가 되도록 하기 위해 유연성을 기르지 않으면 안 된다.
휘어져라. 나의 신체여.
높이뛰기 선수들이 수학을 알고 하는 것은 아니지만 자신의 몸을
이차함수의 모습처럼 새기면서 훈련을 하게 된다.
높이뛰기 선수들이 한때는 가위뛰기라는 방법을 이용하기도
했다.

이런 자세의 높이뛰기는 이차함수의 그래프가 이용된 배면뛰기에 밀릴 수밖에 없어 사라지게 되었다.

배면뛰기와는 달리 가위뛰기는 무게중심이 바 위에서 형성되므로 H라는 방정식의 한 요소를 더욱 높이 올려주어야 하므로 배면뛰기에 비해 훨씬 비효율적인 결과를 가져 온다.

이런 수학이 활용된 배면뛰기는 1968년 미국의 딕 포스버리가 완성하였다. 그는 1968년 멕시코시티 올림픽에서 이차함수가 활용된 배면뛰기로 금메달을 따냈다. 이 또한 수학의 힘이 아닌가.

몸이 유연해서 최대한 이차함수의 그래프를 그릴수록 무게중심을 더욱 낮출 수 있어 효과적으로 바를 넘게 된다.

윈드서핑을 즐기려면
꼭 이차함수가 필요한 것은 아니지만

윈드서핑은 판 위에 세운 돛에 바람을 받아 타는 해양 스포츠이다. 윈드서핑의 특징은 돛을 지탱하는 돛대를 수직으로 고정시키지 않고 움직일 수 있도록 하여 돛을 미는 바람의 압력 중심이 이동함에 따라 방향을 자유로이 조정할 수 있다는 것이다.

윈드서핑의 돛대는 돛이 바람을 잘 받을 수 있도록 직선 모양이 아닌 포물선 모양으로 만드는 것이 관건이다.

여기에 수학이 있지. 돛대에 숨겨지는 이차함수의 신비를 문제 하나를 통해 알아보도록 하자.

그림은 눕혔을 때 수평 길이가 6 m이고 높이가 30 cm인 포물선 모양의 돛대이다.

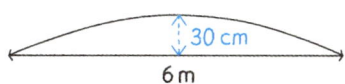

이 돛대가 나타내는 이차함수의 식을 알아보려고 한다. 단, 돛대의 수평 길이를 나타내는 가로를 x축, 왼쪽 끝을 지나고 가로에 수직인 직선을 y축이라 하자.

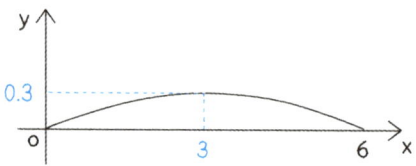

주어진 돛대는 $y = ax(x-6)$과 같이 이차함수로 나타낼 수 있다. 이 식에 $x = 3, y = 0.3$을 대입하면

$$0.3 = a \times 3 \times (3-6), \quad a = -\frac{1}{30}$$

따라서 주어진 돛대를 나타내는 이차함수의 식은 $y = -\frac{1}{30}x(x-6)$이 된다.

이제 바다로 나아가자.

2장

탈출 방향
(곡선으로 휘면서)

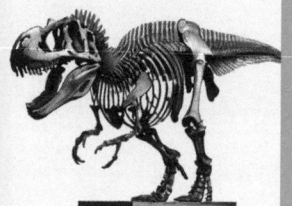

언제나
함수는
우리 삶에
녹아든다

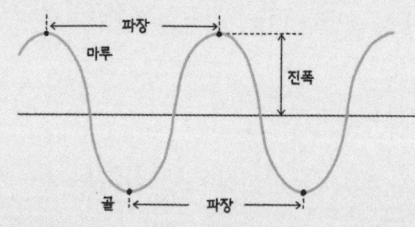

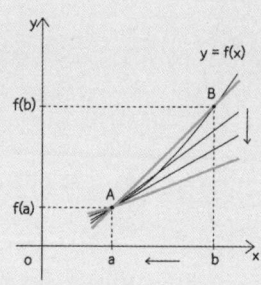

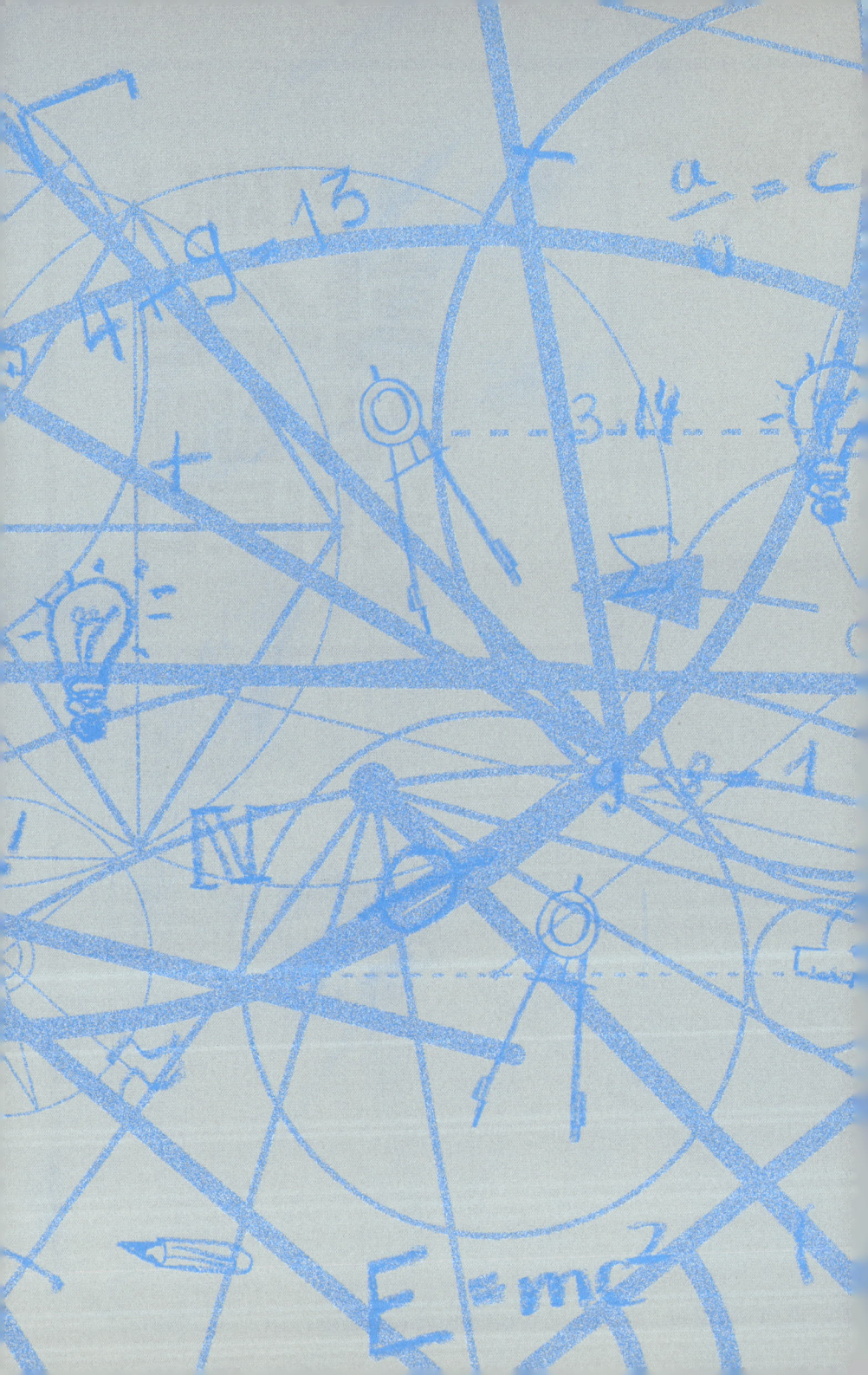

2장

이제 전등의 높이에도
수학이 관여한다

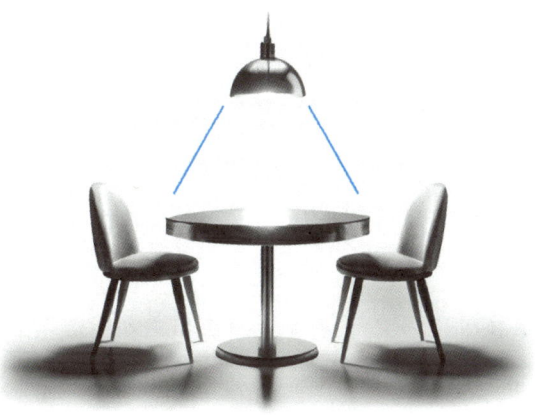

우리가 식탁에 앉아 식사할 때 식탁 위에 전등이 설치되어 있고 밥이나 국은 전등으로 1 m 떨어진 곳에 위치하고 때로는 맞은편 상대 진영 가까이에 맛있는 반찬이 포진되는 불리한 상태가 가끔씩 일어나기도 한다.

때로는 안경을 벗었거나 시력으로 인해 반찬이 잘 안 보이는 경우도 있을 수 있다. 하지만 내 상황과 관계없이 맛있는 반찬 쟁탈전에서 불리한 위치는 따로 있다.

반찬을 볼 때 전등의 높이가 너무 낮으면 경사각이 커지므로 어두워지고, 너무 높으면 거리가 멀어져서 어두워진다. 전등의 높이 조절이 필요할 때다. 수학적으로 이 문제를 해결하고 싶다.

빛이 평면을 비출 때 빛의 방향과 수직인 지점의 밝기는 광원과 그 지점까지 거리의 제곱에 반비례한다. 그런데 빛을 수직으로 받지 않는 지점에서 빛의 밝기는 빛을 수직으로 받는 지점보다 어두워진다.

비례하지 않고 반비례하는 것이 좀 의아하겠지만.

(거리)＝(속력)×(시간) 등 여러 변수를 고려하여 계산해 보니 비례가 아닌 반비례의 결과를 가져왔고 따라서 거리의 제곱의 반비례하는 결과에 이르렀다. 이런 현상은 수학적이라기보다는 하나의 현상에 대한 수학적 결과인 것이다. 조사해 보니 그렇게 되었다는 뜻이다.

즉, 일정한 양을 두고 두 관계가 서로 역수 사이로 치고받는 비례를 말한다. 단어의 뉘앙스에서 풍기는 반대라는 개념과는 무관함을 알 수 있다.

다시 전등 이야기로 돌아가면 빛을 받는 지점에 이르는 광선이 수직인 광선과 이루는 각의 크기가 θ이면 수직일 때에 비하여 $\cos\theta$만큼만 빛을 받는 셈이므로 밝기도 수직일 때와 비하여 $\cos\theta$의 곱으로 줄어든다.

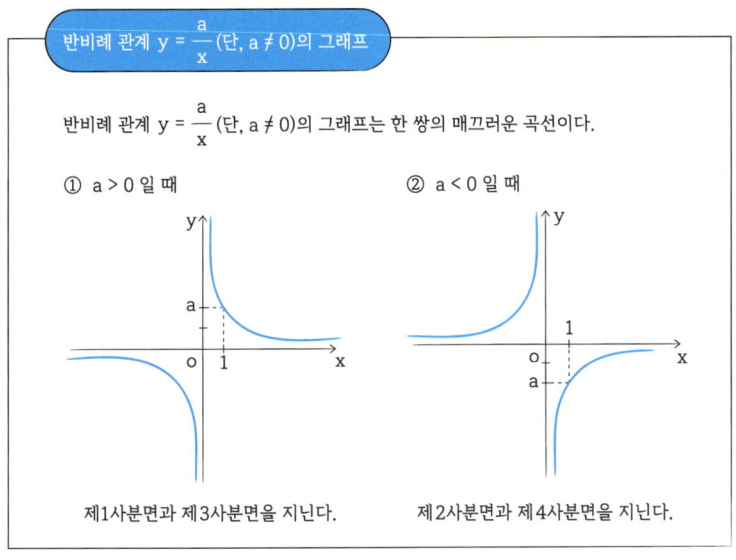

반비례 관계 $y = \dfrac{a}{x}$ (단, $a \neq 0$)의 그래프는 한 쌍의 매끄러운 곡선이다.

① $a > 0$일 때

② $a < 0$일 때

제1사분면과 제3사분면을 지닌다.

제2사분면과 제4사분면을 지닌다.

일단 그림을 한 번 보고 이야기를 또 계속하자.

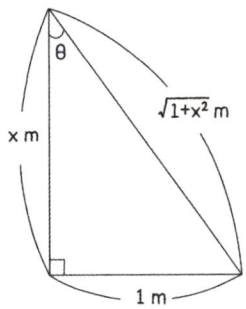

$\sqrt{1 + x^2}$ 이 나온 것을 보고 벌써 눈을 감지 말길. 피타고라스의 정리를 이용하여 빗변의 길이를 구한 것일 뿐이니까.

전등의 높이를 x m라고 두었고 전등에서 수직인 지점에서 1 m만큼 떨어진 곳의 밝기는 $\sqrt{1+x^2}$ 의 제곱의 역수와 $\cos\theta$를 곱한 값에 비례한다.

여기서 $\cos\theta = \dfrac{x}{\sqrt{1+x^2}}$ 이므로 반찬을 집을 수 있는 위치의 밝기는 $f(x) = \dfrac{1}{1+x^2} \cdot \cos\theta = \dfrac{x}{(1+x^2)\sqrt{1+x^2}} = \dfrac{x}{(1+x^2)^{\frac{3}{2}}}$ 의 값에 비례한다.

이제 미분할 차례다. 그 이유는 x값을 찾아내기 위해서다.

$$f'(x) = \frac{(1+\sqrt{2}\,x)(1-\sqrt{2}\,x)}{(1+x^2)^{\frac{5}{2}}}$$

더하기로 연결된 식들은 일단 제쳐두고 $1 - \sqrt{2}\,x = 0$의 값만 구하면 된다.

$x = \dfrac{1}{\sqrt{2}}$ 을 $f(x)$에 대입하면 $x = \dfrac{1}{\sqrt{2}}$ 일 때까지 증가하고, 그 이후에는 감소함을 알게 된다.

따라서 반찬을 골고루 보려면 전등의 높이가 $\dfrac{1}{\sqrt{2}}$ m 일 때가 가장 좋다.

이제 맛있는 반찬은 당신의 차지가 될 수 있을까? 계산하는 동안 맞은편에 있는 녀석이 맛있는 반찬을 다 먹었다.

답답한 지구를 탈출하기 위해
필요한 속도는?

일이 꼬이거나 인간관계에서 힘든 일이 생기면 사람들은 때때로 지구를 떠나고 싶어 한다.

그런데 지구를 떠나는 일은 말처럼 그렇게 쉬운 일이 아니다.

현실적으로 지구를 떠나려고 한다면 현재의 기술력으로는 우주선을 타고 떠나는 수밖에 없다.

우주선을 쏘아 올리는 데에는 만만치 않은 수학의 힘이 필요하다. 수학이 싫어서 지구를 떠나려 하는 학생이라면 수학에 자존심을 굽혀야 한다.

우주선을 쏘아 올리기 위해서는 중력에 의한 위치에너지를 극복할 수 있는 운동에너지를 필요로 한다.

이때 엄청난 속도가 필요한데 그 속도의 이름은 탈출 속도라고 부른다.

또, 우주선이 추락하지 않고 위성이 되기 위한 속도를 제1 우주속도, 지구의 중력장을 탈출하기 위한 속도를 제2 우주속도라 하고, 태양계를 탈출할 수 있는 속도를 제3 우주속도라고 한다.

봐라. 지구를 벗어난다는 것이 결코 쉬운 일이 아니지 않은가.

이제부터 이러한 탈출 속도에 필요한 식을 한번 살펴보자.

우주선을 지상으로부터 높이 h인 곳에서 쏘아 올리는 경우 탈출 속도 v는 무리함수로 나타낼 수 있다.

$$v = \sqrt{\dfrac{2GM}{R+h}}$$

무리함수

함수 *y=f(x)*에서 *f(x)*가 무리식으로 표현되는 함수. 아래와 같은 형태의

함수식으로 나타낼 수 있다.

예) $y = \sqrt{x}$, $y = \sqrt{3x}$, $y = -\sqrt{x+5}-1$

일단 대표적으로 $y = \sqrt{ax}$ 의 모습만 눈여겨보자.

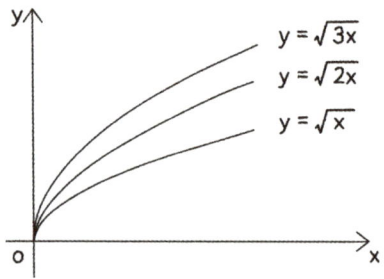

다시 탈출 속도에 대한 식으로 돌아오면 $v = \sqrt{\dfrac{2GM}{R+h}}$ 과 같이

루트가 씌워진 무리함수다. 무리함수의 그래프를 보면 우주선은 결단

코 수직으로 지구를 벗어나지 않는다는 것을 식을 통해서 알 수 있다.

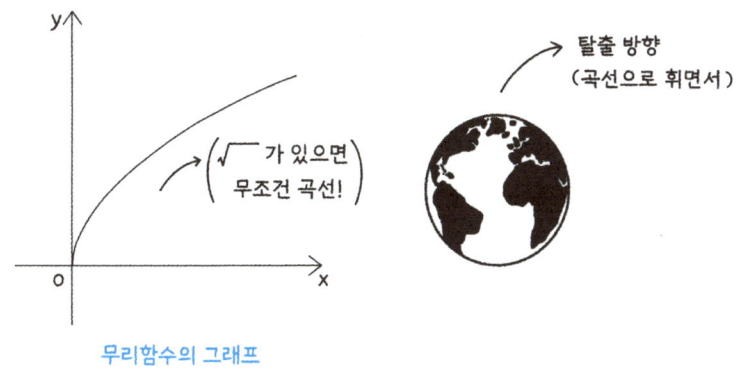

무리함수의 그래프

$\sqrt{}$ 가 있는 식은 휘는 경로를 말하는 것임을 기억하자.

$\sqrt{}$ 가 있는 무리함수의 그래프가 원점에서 시작하여 곡선을 그리며 무한대로 날아가듯이 탈출 속도를 깨면서 날아가는 우주선 역시 지구를 탈출할 때 위로 곧바로 수직으로 벗어나는 것이 아니라 곡선을 그리며 탈출한다는 뜻이다.

동양화가가 난초를 그리듯이 휘어져 저항을 벗어나게 되는 것이다.

이렇게 지구를 탈출하는 것도 만만한 것이 아니다. 그래서 우리는 답답한 마음을 달래기 위해 지구를 탈출하는 대신 교외로 차를 타고 나가기로 한다. 그럼 무리함수라는 수학을 접하지 않아도 되지 않을까 하는 마음에서다.

역시 야외로 나오면 시원한 느낌이다.

"악, 여기가 로드킬 구간이구나."

'끼이익!'

달리는 자동차가 급제동을 하며 멈추었다. 다행인 것은 자동차에 치인 것은 야생동물이 아니라 쓰레기가 들어 있는 검은 비닐봉투였다.

아찔한 순간이다. 뒤로 돌아보니 고속도로 위에 검은 스키드마크가 생겼다.

스키드마크는 자동차가 급제동할 때 타이어와 도로면 사이의 마찰력에 의해 열이 발생하면서 나타나는 흔적이다.

스키드마크의 길이를 보면 도로 상태에 따른 마찰계수를 적용하여 제동하기 전의 자동차 속력을 추정할 수 있다.

스키드마크의 길이가 $x\,m$일 때, 자동차의 추정 속력 $y\,km/h$는 다음과 같은 식을 형성하게 된다.

$$y = \sqrt{203.2x}$$

무리함수를 피해 자동차를 몰고 나왔는데 이렇게 또 무리함수의 스키드마크를 보게 되었다.

이 그림 역시 미세하게 휘어져 나간다. 식이 $y = \sqrt{203.2x}$ 라는 무리함수의 그래프이기 때문인 것이다.

수학은 과학의 언어이면서 도구이다. 수학은 과학의 품격을 돕기 위해 특정 부분의 연결고리를 만들어 내는 역할을 한다.

미분이 직원을 고용하기도 하고 해고도 시킬 수 있다

미분의 모습은 다음과 같다.

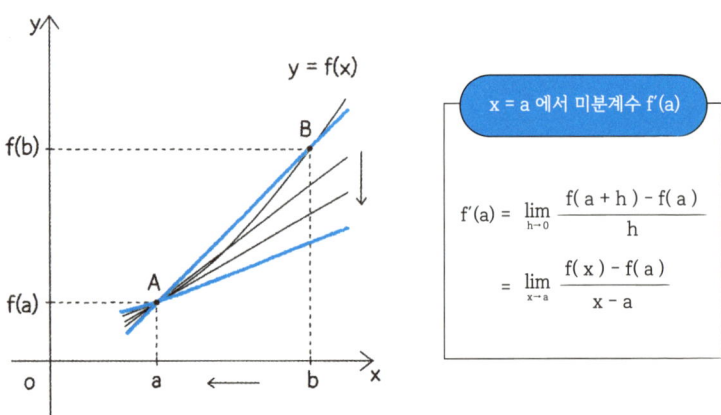

기업이 추구하는 궁극적인 목표는 이윤의 극대화이다. 극대와 극소는 미분이 추구하는 바이기도 하다.

미분은 연속적인 양의 변화를 다루기도 하지만, 경제 분야에서 다루는 극대, 극소의 문제에도 효과적인 능력을 발휘한다.

예를 들어 기업에서 직원을 쓸 때 다음과 같은 미분의 아이디어를 이용하여 의사를 결정하는 데 이용된다.

연예 기획사에 소속된 연예인 수 x명과 연수익 $f(x)$만 원 사이에 다음과 같은 관계식이 성립한다.

$$f(x) = 10000 + 500x - 10x^2 (\text{단위: 만 원})$$

현재 이 연예 기획사에 소속된 연예인 수는 10명이며 이들 중 몇 명을 해고하려고 한다.

연수익 면에서 볼 때 회사 운영자에게 어떤 제안을 하면 좋을까?

일단 문제 상황을 파악해 보도록 하면 고용된 연예인 수가 10명일 때, 연 수익 $f(10)$과 수익 변화율 $f'(10)$을 구한다.

이것은 수학적 모델을 설정하는 방법이다.

$f'(x)$의 값을 이용하여 $f(x)$의 최댓값을 구한다.

x	...	25	...
f'(x)	+	0	−
f(x)	↗	극대	↘

$f'(x) = 20x - 500 = 0$에서 $x = 25$이므로 $f(x)$의 증가와 감소를 표로 나타내 보자.

따라서 $x = 25$일 때

최댓값 $f(25) = 10000 + 12500 - 6250 = 16250$을 갖는다.

이 식을 해석하면

연예인 수가 10명일 때 이익은 14000만 원이고, 연예인 수가 25명일 때 이 연예 기획사의 연 수익이 16250만 원으로 최대가 된다.

그래서 결론은 현재 고용된 10명의 연예인에서 25명까지 연예인의 수를 늘릴 때마다 더 큰 이익이 발생한다. 따라서 고용된 연예인의 수를 줄이기보다는 오히려 고용을 늘려서 이익을 창출하는 것이 더 나은 선택이라고 미분이 가르쳐 준다. 계약을 연장한 연예인이 미분에게 감사해야 하는 이유이다.

수학자들이 말하는
마귀의 곡선이란?

수학자들이 연구하는 대부분의 곡선들은 매개변수로 나타내어
지거나 음함수로 나타낼 수 있다.

매개변수

매개변수는 수학과 통계학에서 어떠한 시스템이나 함수의 특정한 성질을
나타내는 변수를 말한다. 일반적으로는 θ라고 표현된다.

음함수

수학에서 양함수란, 종속변수와 독립변수들이 분리된 함수를 말한다.
독립변수가 하나일 경우, 양함수는 다음과 같은 형태가 된다. $y = f(x)$의
역으로, 음함수는 종속변수가 독립변수와 분리되지 않은 하나의 관계식으로
주어진 함수를 말한다.

수학자들이 연구하는 곡선에는 엉뚱한 이름이 붙여진 것이 있는
데 오늘 우리는 마귀와 관련된 이름이 붙여진 곡선에 대해 알아볼
것이다.

첫째로는 아네시의 마녀Witch of Agnesi이다.

이탈리아 여성 수학자 아네시가 1748년에 $a > 0$일 때 방정식
$4a^2(2a - y) = x^2 y$를 만족시키는 그래프를 발표하였다. 이 그래프

는 그녀의 이름을 따서 '아네시의 곡선'이라고 명명하였다.

그런데 우습게도 1801년 라틴어 이름을 번역하는 과정에서 아네시의 곡선은 아네시의 마녀라는 이름으로 바뀌게 되었다.

그래프를 보자.

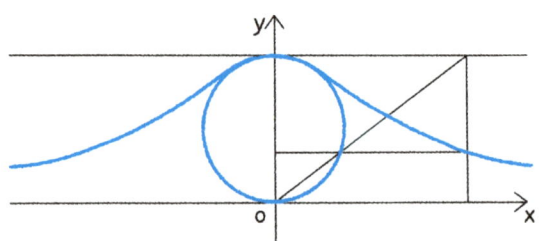

이 곡선이 어딜 봐서 마녀스러운가? 전혀 그런 느낌이 없다. 하지만 사람들의 확정 편향에 의해 그림을 자꾸 보면 우리의 뇌는 마녀의 눈 같은 느낌을 보게 될지도 모른다.

하여튼 잘못된 번역으로 위 그래프는 아네시의 마녀라고 오늘날에도 불리게 된다.

이 곡선에 사용된 매개변수를 보면

$$x = 2at, \; y = \frac{2a}{1+t^2}$$

분모에 있는 t^2이 마녀의 역할을 한 것일까?

이제 또 다른 하나의 곡선이 있는데 그의 이름은 악마의 곡선이다.

이 곡선은 스위스의 수학자인 크라메르cramer가 1750년에 다음과 같은 식으로 발표하였다.

$$y^2\left(y^2 - a^2\right) = x^2\left(x^2 - b^2\right)$$

이 식을 좌표평면에 나타내어 보면

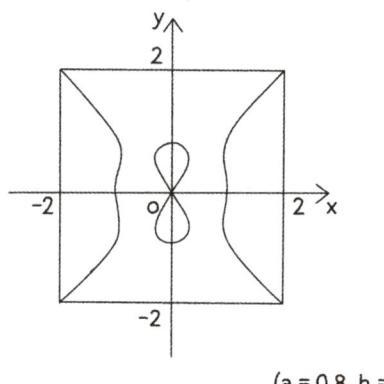

(a = 0.8, b = 1)

이 이름 역시 착각에서 생긴 이름이다. 이 그래프의 모습이 그 당시 유행하던 'diabolo'란 놀이기구의 모양과 비슷하게 생겼다. 그래서 악마devil란 뜻을 가진 'diablo'로 착각하는 바람에 '악마의 곡선'이라는 이름을 얻게 된다.

그런데 이 곡선이 악마의 곡선이라기보다는 차라리 이 곡선을 나타내는 매개변수들이 악마인 것 같다.

악마의 곡선을 나타내는 매개변수를 보자.

$$x = \cos t \sqrt{\frac{a^2 \sin^2 t - b^2 \cos^2 t}{\sin^2 t - \cos^2 t}} \ , \quad y = \sin t \sqrt{\frac{a^2 \sin^2 t - b^2 \cos^2 t}{\sin^2 t - \cos^2 t}}$$

매개변수를 보니 분명 악마의 곡선인 것 같네.

유명한 동상을
가장 좋은 위치에서 보고 싶다

    세계 유명 동상으로는 네팔의 시바 동상, 런던 중심부 트라팔가 광장의 넬슨 동상, 루브르 박물관의 비너스상, 미국 뉴욕 맨해튼의 자유의 여신상, 벨기에 브뤼셀의 오줌 누는 소년상, 브라질 리우데 자네이루의 그리스도 동상 등이 있다.

미국 자유의 여신상

    이런 유명 동상들을 좋은 위치에서 관전하려면 수학의 도움이 필요하다.

방정식의 역사는 거의 4000년의 역사를 가지고 있다. 이런 역사와 전통을 자랑하는 방정식의 도움으로 가장 최적의 관람 장소를 찾는 방정식을 알아보도록 하자.

우리의 눈까지의 높이를 y라고 하면 받침대는 당신의 눈보다 t만큼 더 위에 있다. 그 위에 있는 동상의 높이는 s라 하고 당신이 서 있는 위치와 동상 사이의 거리는 x라고 하자.

이제 4000년 역사의 방정식을 이용하여 관전 포인트 방정식을 만들어 보겠다.

이집트에서 유래한 높이의 삼각비, 탄젠트를 대기시키자마자 출동! 기억이 안 나겠지만 삼각비에서 높이를 관장하는 삼각비는 탄젠트이다.

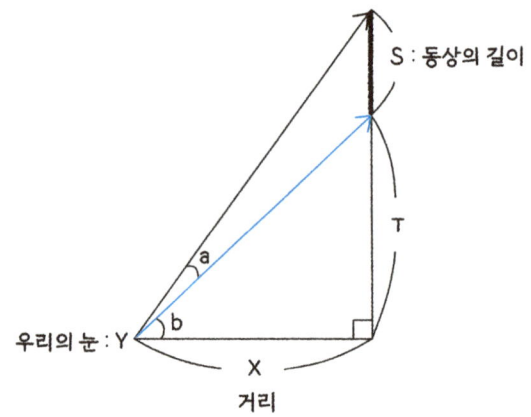

바닥의 길이와 높이의 관계에 필요한 삼각비는 tan.

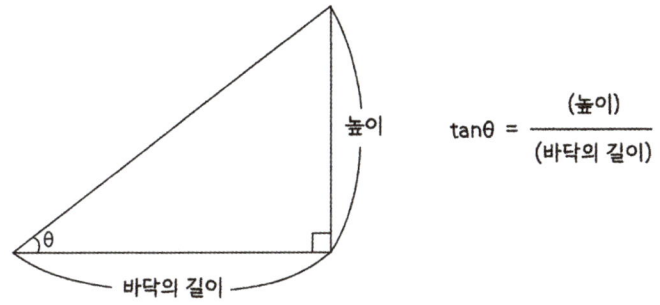

$$\tan\theta = \frac{(\text{높이})}{(\text{바닥의 길이})}$$

이 식을 잘 활용하면 x의 길이를 찾아낼 수 있는데 식을 통해서 알아보자.

$$\tan(a+b) = \frac{s+T}{x}, \ \tan b = \frac{T}{x}$$

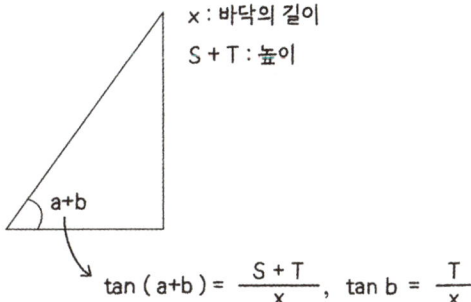

x : 바닥의 길이
S + T : 높이

$$\tan(a+b) = \frac{S+T}{x}, \ \tan b = \frac{T}{x}$$

어렵다고 생각만으로 포기하지 않았으면 좋겠다. 탄젠트의 요소를 배치해 봤으니 다시 생각해 보자.

$$(\text{높이를 관장하는 탄젠트}) = \frac{(\text{동상과 받침대 포함의 높이})}{(\text{바닥의 길이})}$$

그러나 이게 끝이 아니다. 적정한 장소로서 x의 길이를 구하기 위해 탄젠트의 덧셈 정리를 이용해야 한다.

$$\tan(a+b) = \frac{\tan a + \tan b}{1 - \tan a \tan b}$$

미적분 수업을 들었던 사람이라면 삼각함수의 덧셈 정리에서 탄젠트 부분에 이것이 있다는 것을 알 것이다.

위 두 식을 이용하여 다음과 같은 식을 다시 탄생시킬 수 있다.

$$\tan a = \frac{sx}{x^2 + T(s+T)}$$

여기서 동상이 가장 잘 보이는 각으로서는 각이 된다. $\Rightarrow \tan a$

이제 움직임을 관찰할 수 있는 미분을 등장시켜서 $\frac{da}{dx}$ (a에 대한 미분이란 뜻의 기호)가 0 (0은 딱 떨어지는 그 포인트)인 값을 찾으면 된다.

계산을 해보면 $x^2 = T(s+T)$가 우리가 원하는 것이다.

물론 지구에 만유인력이 작용한다고 그런 공식을 상기하면서 살

필요가 없듯이 위 같은 식이 있다는 것을 교양으로 알아두었으면 하는 마음에 써두었다.

굳이 풀어내고 싶은 독자가 있다면 말리고 싶지 않지만….

동상 한 번 제대로 보기 위해 우리는 수학까지 동원했다. 왜냐하면 이 포인트에서 사진 촬영을 하면 아주 멋진 장면이 연출되기 때문이다.

수학의 방정식을 이용하면 동상의 크기가 보이는 최적의 위치까지도 알아낼 수 있다.

물론 감으로 찍어도 되지만 비싼 돈을 들여서 간 곳에서 최적의 사진을 만들어 낸다고 해서 손해 볼 것은 없을 것이다. 이런 수학도 배워 보면 좋지 않을까?

많은 사람들이 별로 동의하는 것 같지 않아 보이는 것은 어쩔 수 없는 일이다.

쓰나미의 움직임을 살필 수 있는
삼각함수

쓰나미의 움직임을 관찰하는 것에는 주기함수와 관계가 있음을 이번 시간에 알아보도록 하겠다.

2004년의 12월의 일이다. 인도 수마트라 지역에서 발생한 리히터 규모 9.0 지진으로 엄청난 피해가 발생하였다.

20세기 초부터 기록된 지진 중에서 네 번째로 강한 지진이었다. 수소폭탄 폭발의 거의 10배가 넘는 에너지를 방출하였다.

수소폭탄의 위력이 어느 정도인지부터 알아보면 수소폭탄은 중수소와 삼중수소를 고온·고압 상태에서 폭발시키기 때문에 핵융합 무기로도 불린다. 원자폭탄보다 수십수백 배 강한 위력을 갖고 있다. 1961년 옛 소련(러시아)이 개발한 '차르봄바'라는 수소폭탄의 위력은 TNT 58메가톤의 위력을 나타난 것으로 알려졌다.

이런 위력의 10배라고 하니 자연의 힘이 더 무시무시하다.

수마트라 지진으로 20여 만 명의 인명 피해를 입었다. 이런 큰 사상에는 지진의 영향뿐만 아니라 이 지진으로 인하여 높이가 20 m에 이르는 쓰나미가 발생하였기 때문이다.

쓰나미

지진 해일을 뜻하는 것으로 해저에서의 급격한 지각변동으로 발생하는 파장이 긴 해일을 뜻한다.

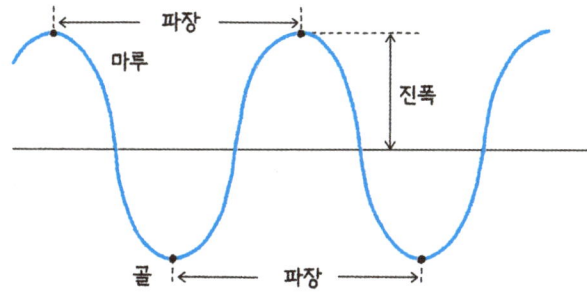

쓰나미의 속도는 심해에서 시속 800 km 정도이며, 진폭은 2 m 미만에 매우 긴 파장을 가지고 있다.

그 파장은 수심이 얕은 해안가로 밀려오면서 얕은 바닥과 마찰을 일으키고 속력은 시속 35 km로 감소하지만, 파장은 짧아지며 진폭은 급상승하여 무서운 파괴력을 가진 높은 파도가 만들어진다.

이런 무시무시한 쓰나미의 피해를 줄이기 위해 수학자들은 해양학자들과 함께 많은 노력을 하고 있다.

이에 우리들도 다음 문제를 풀면서 쓰나미가 삼각함수와 어떠한 연관을 맺고 있는지 알아보도록 하자.

수심이 8 m인 어느 해안에서는 쓰나미의 영향으로 커다란 파도가 형성되었는데, 이 파도는 처음에는 수면 밑으로 6 m를 내려갔다가 수면으로 올라온 다음, 다시 수면 위로 6 m를 올라갔다가 수면으로 내려오는 운동을 반복하였고, 주기는 16분이었다고 한다.

이 파도가 발생하고 나서 t분이 지난 다음, 바다의 밑바닥부터 파도와 높이 $h(t)$를

$$h(t) = a \sin bt + c \ (단, b > 0)$$

로 나타낼 때, 상수 a, b, c의 값에 대하여 알아보는 시간을 가지도록 한다.

쓰나미의 피해를 줄이기 위해 이 문제를 해결한다는 마음으로 도전해 보자.

일단 수심이 8 m인 곳에서 그래프를 출발시켜 6 m 아래와 위로 오르락내리락하는 그림을 그려 보자.

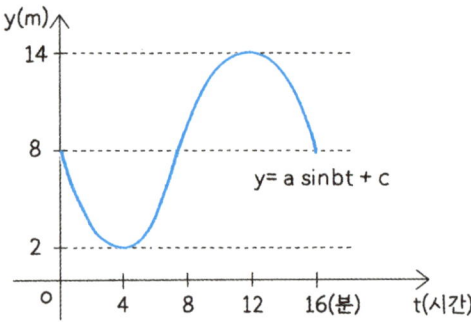

처음에는 시간 t가 0초이므로 $t = 0$, t에 대한 함수식은

$h(t) = 8 m$이므로 $(0, 8)$을 $h(t) = a \sin bt + c \ (단, b > 0)$에 대입하면

$\therefore c = 8$

또한 주기가 16분이다. 왜냐하면 오르락내리락해서 돌아온 시간이 8분과 8분으로 총 16분이다.

사인함수는 2π가 기본 주기로 식에서 t 앞에 b가 있으므로 그래프의 진짜 주기는 $\dfrac{2\pi}{b} = 16$이고, 이것을 계산하면 $b = \dfrac{\pi}{8}$이다.

따라서 $h(t) = a\sin\dfrac{\pi}{8}t + 8$

그림에서 보니까 t가 4분일 때 $h(t) = 2\,m$이므로 $a\sin\dfrac{4\pi}{8} + 8 = 2$ 여기서 $\sin\dfrac{\pi}{2}$가 1이므로 $a = -6$이 된다. 고생했다. 다 구했다. 차례로 문자의 값들을 나타내면

$a = -6$, $b = \dfrac{\pi}{8}$, $c = 8$이다.

자연재해는 어쩔 수 없다지만 수학으로 그 피해를 최대한 줄였으면 좋겠다.

공룡의 생존 시기를
알아내는 것도 수학이다

공룡의 화석을 보고 그 생물이 실제 살았던 시기를 알아내는 것은 놀랍다.

화석을 이용하여 그 생물이 살았던 시기를 알아내는 방법을 연대 측정법이라고 한다.

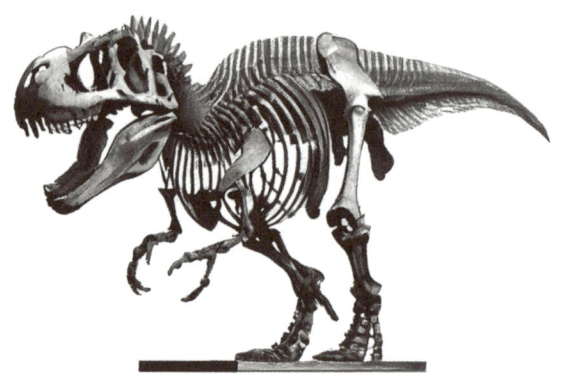

연대 측정법은 생물체가 살아 있을 때는 대기와 같은 비율로 방사성동위원소를 가지지만 죽은 뒤에는 일정한 비율로 그 양이 감소한다는 사실을 이용하여 물질의 생성 연대를 측정하는 방법이다.

^{14}C는 반감기가 약 5730년으로 짧아 5만 년 이내의 생물체와 탄소 화합물질의 연대를 추정할 때 사용하고, 5만 년 이전의 것에 대

해서는 ^{40}K와 같이 반감기가 긴 방사성동위원소를 이용하여 연대를 추정한다.

생존 시기를 알아내는 계산 방법을 하나 살펴보자.

어느 생물의 화석 속에 포함된 ^{14}C의 양이 그 생물이 살아 있을 때의 10%라고 할 때, 이 생물이 생존했던 시기를 추정해 보자.

(단, $\log 2 = 0.3010$)

처음의 ^{14}C의 양을 a, 죽은 지 x년 후의 ^{14}C의 양을 y라 하여 함수식으로 나타내면

$$y = a \left(\frac{1}{2} \right)^{\frac{x}{5730}}$$

현재 화석 속에 포함된 ^{14}C의 양이 처음 양의 10%이므로

$$a \left(\frac{1}{2} \right)^{\frac{x}{5730}} = 0.1a, \ \left(\frac{1}{2} \right)^{\frac{x}{5730}} = 0.1$$

등식의 성질을 이용하여 양쪽의 a를 떼어 버렸다.

이제 상용로그를 쓸 차례다.

왜냐하면 방정식에서 지수 부분에 알고자 하는 x가 포함되어 있는 경우, 지수의 x값을 구하려면 log를 써야 한다.

방정식의 양변에 상용로그를 취하면

$$\frac{x}{5730}\log\frac{1}{2} = \log 0.1, \qquad \frac{x}{5730}(-\log 2) = -1$$

$$\frac{x}{5730}\log 2 = 1 \qquad \therefore x \fallingdotseq 19036.54\text{년}$$

따라서 이 생물이 생존했던 시기는 약 19037년 전이다.

응용력을 기르기 위해 문제 하나 더 풀어 보자.

어느 생물의 화석 속에 포함된 ^{14}C의 양이 그 생물이 살아 있을 때의 $\frac{1}{3}$ 이하가 될 때는 그 생물이 죽은 지 몇 년 후부터인지 알아본다. (단, $\log 2 = 0.3010$, $\log 3 = 0.4771$)

처음의 ^{14}C의 양을 a라 하면

$$a\left(\frac{1}{2}\right)^{\frac{x}{5730}} \leq \frac{1}{3}a, \qquad \left(\frac{1}{2}\right)^{\frac{x}{5730}} \leq \frac{1}{3}$$

양변에 상용로그를 취하면

$$\frac{x}{573}\log\frac{1}{2} \leq \log 0.1, \qquad \frac{x}{5730}(-\log 2) \leq -\log 3$$

$$\frac{x}{5730}\log 2 \geq \log 3$$

$$\therefore x \geq 5730\,\frac{\log 3}{\log 2} \fallingdotseq 9082.34$$

따라서 ^{14}C의 양이 $\dfrac{1}{3}$ 이하가 될 때는 그 생물이 죽은 지 9083년 후부터이다.

이런 계산을 생각해 낸 것을 보면 상당히 신기하다. 공룡의 죽음도 수학으로부터 자유로울 수 없음이 아닐까.

현대 영화를 지휘하는 수학

요즘 영화는 수학이 없이는 제작이 불가능하다 해도 과언이 아니다.

'2001 스페이스 오디세이'의 우주탐험에 등장하는 첨단의 컴퓨터 기술. '미지와의 조우'에 등장하는 우주선. '쥬라기 공원'에 나오는 공룡들.

컴퓨터그래픽이나 특수 효과를 만들 때 반드시 수학이 쓰인다.

애니메이션 '모아나'에서는 사실적인 바다 풍경을 볼 수 있다. 실제 바다보다 더 현실 같은 바다 연출을 가능하게 한 것은 바로 수학의 힘이다. 영화 '인터스텔라'의 블랙홀 장면 묘사에 미국 물리학자 킵 손 캘리포니아공대(칼텍) 교수가 기여했듯, '모아나'의 파도는 조지프 테란 캘리포니아대 로스앤젤레스(UCLA) 수학과 교수 연구진이 만들었다.

'물'의 움직임 묘사는 컴퓨터그래픽의 난제

컵에 물이 쏟아지는 장면을 컴퓨터그래픽CG으로 나타내려면 시간에 따라 변하는 물의 양을 잘 표현해야 한다. 물병에서 쏟아지는 물의 양과 컵에 채워지는 양이 같아야 한다. 물을 따를 때 물병 각도에 따라 달라지는 속도, 컵 벽에 부딪쳐 튀어오르는 물방울도 감안해야 한다. CG 전문가들도 이러한 복잡성은 어렵다.

애니메이션을 만들 때 다양한 변수를 고려해야 하는 장면 묘사를 위해 수학자, 공학자, 개발자의 도움을 받는다. 수학자는 밀도와 부피 같은 물리적 성질을 기초로 물체의 움직임을 예측하는 함수식을 만든다. 공학자와 개발자는 함수식을 바탕으로 디자이너와 감독이 원하는 CG 영상을 구현할 시뮬레이션 프로그램을 만든다.

미분방정식을 이용해 파를 재현할 수 있다.

물의 움직임을 나타내는 시뮬레이션은 유체역학 이론을 기초로 한다. 공기나 물의 흐름을 설명할 수 있는 미분방정식의 일종인 '나비에·스토크스 방정식'이 설계의 기본이다.

나비에·스토크스 방정식

이 방정식은 점탄성이 없는 유체Newtonian fluid에 대한 운동량 수지식balance으로 비선형 편미분 방정식이다.

앞에서도 이야기했듯이 다양한 변수를 상대하려면 방정식이 제격이다. 방정식에는 여러 가지 방정식들이 다양하게 구비되어 있다.

그것이 바로 수학의 힘이다.

　영화 · 애니메이션에서는 복잡한 자연현상, 예를 들면 해일, 태풍, 폭발 등과 같은 커다란 자연재해로부터 강물, 소용돌이에 의한 나뭇잎의 움직임, 유리잔의 물 출렁거림 등과 같은 작은 현상들까지 모든 자연현상들을 보다 사실적으로 묘사하려면 반드시 수학의 힘이 필요하다.

　앞으로 우리는 이렇게 말해야 할지도 모르겠다. 주말인데 극장가서 수학 한 편 볼까?

수학의 로그로
부정행위를 잡다

다음 공식은 여러분들이 반드시 알아두라고 써 두는 것은 아니다.

$$P(d) = log_{10}\left(1 + \frac{1}{d}\right)$$

이 공식을 통해 신호를 위반하거나 영수증을 고의로 잘못 처리하는 등 부정행위를 적발하는 데 이용될 수 있다.

우리가 고등수학에서 보던 log(로그)를 보니 반가운 기분이 잠시 드는 것도 사실이다. 학교에서 시험을 볼 때는 끝없이 미운 녀석이었지만 이런 자리에서 보게 되다니 감회가 남다를 수 있다.

어떻게 이런 공식이 나오는가에 대해서는 자세히 알 필요는 없다. 단지 우리가 말하고자 하는 내용은 부정행위를 잡는 데 수학이 활용된다는 사실이다.

학생들의 논문 표절도 수학적 프로그램을 돌리면 잡아낼 수 있으니 논문을 표절하려는 행위는 그만두는 것이 좋을 것 같다.

그리고 또 다른 표절 사냥 방법을 알려주면 가장 흔히 사용되는 방법에는 지문법이라는 것이 있는데 모든 문서는 연속되는 단어 배열이라는 지문을 가진다고 한다.

또 다른 방식으로 감별해내는 것에는 인용분석이라는 것이 있다. 좀 더 수학이 가미된 분석에는 계량 문체론이라는 표절 검사법이 있다.

표절은 다른 사람의 저작물을 몰래 갖다 쓰는 행위다. 다른 사람의 창작물과 노력을 짓밟는 일이다. 하지만 그 심각성을 파악하고 있는 사람은 적어 보인다.

수학에서도 유명한 표절 사건이 있었으니 그것이 바로 '미분 전쟁'이었다.

한때 수학계도 미분의 발견을 두고 서로 표절했다는 논쟁이 있었다. 영국의 뉴턴과 독일의 라이프니츠가 서로 미분을 발견했다고 주장하면서 불거진 사건이었다. 영국의 뉴턴이 독일의 라이프니츠가 자신의 발견을 표절했다고 주장하면서 이루어진 사건이었다.

사실 인간의 일에서 명확한 기준을 낸다는 것이 쉬운 일이 아니다. 그건 기준이 명확한 수학도 마찬가지였다. 그만큼 기준이 애매할 수 있기 때문이다. 수학의 미분 전쟁은 두 나라 간의 논쟁으로 번졌지만 공동 발견이라는 원만한 합의로 결론이 나게 되었다. 좋은 게 좋은 것이지만 학문에서 이런 원만한 합의는 좀 찝찝함이 남는 것도 사실이다.

미용사가
수학의 달인일 줄이야

빠글빠글 할머니 파마부터 여성들의 아름다운 웨이브 파마까지 미용실에서 수학들이 이렇게 많이 창조된다.

파마를 하기 위해 사용되는 롯드는 수학을 만든 도구다.

미용도구 - 롯드

갑자기 이게 무슨 소리냐고. 미용사들은 원의 특성을 가진 롯드를 가지고 머리카락의 웨이브 곡선을 자유자재로 다룬다.

이것 역시 수학의 원리이다. 다음은 롯드랑 연결시킨 사인 곡선의 그래프이다. 파마 머리의 탄생 비밀이지.

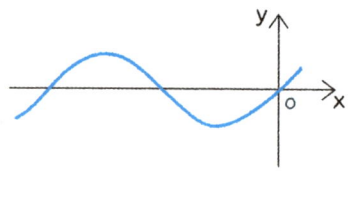

사인 곡선

삼각함수의 그래프에서 등장하는 원에서 사인, 코사인의 웨이브 곡선을 유도해 내는 원리와 같다. 물론 미용사들이 이런 수학의 미묘한 원리까지 알 필요는 없다. 우리는 그냥 수학이 우리 생활에서 사용되기만 하면 되는 것이다. 언제나 원리는 수학자들의 몫이다. 자동차 수리는 기술자의 몫이고 우리는 타고 다니면 그만이 아닌가. 문제가 생기면 기술자들이 고쳐준다. 수학도 마찬가지다.

이렇듯 미용사들은 롯드라는 원의 도구를 이용하여 머리카락을 착착 감아서 사인과 코사인 그래프 같은 웨이브를 만들어 내기만 하면 되는 것이다. 굳이 그게 사인 그래프인지 코사인 그래프인지 알아서 뭐하랴.

웨이브의 굴곡진 아름다운 머릿결의 예술은 수학의 창작물인 셈이다. 손님들의 취향에 맞춰서 찾아내 주는 웨이브는 수학의 향연인 것이다. 롯드가 만들어 내기는 하지만.

파마는 모두 원의 성질에서 비롯된 원주율과 관계가 깊다.

원주율이란 지름의 길이에 대한 원의 둘레의 길이의 비율이다. 원주율은 약 3.14의 값을 갖고 기호는 π로 쓴다.

미용사들은 롯드의 크기(원주율)와 파마를 이용하여 웨이브(사인 그래프)를 경험에 의해 조절해 나간다. 이렇게 멋진 웨이브 머리를 척척 만들어 내는 것을 보면 수학의 달인이 아니고 무엇이겠는가. 이제부터 우리는 보는 시선을 달리해야 할 것이다. 학교, 학원에만 수학의 달인이 있는 것이 아니라 미용실에도 수학의 달인들이 있다는 것을.

3장

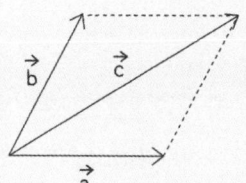

수학의 분자와 식, 그리고 일상

  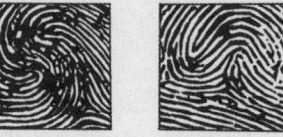

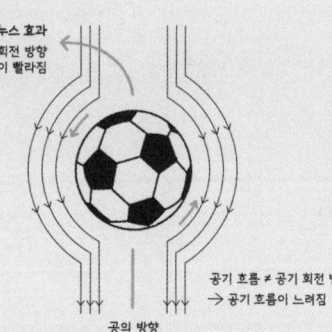

마그누스 효과
공기 흐름 = 공기 회전 방향
→ 공기 흐름이 빨라짐

공기 흐름 ≠ 공기 회전 방향
→ 공기 흐름이 느려짐

공의 방향

3장

수학자 데카르트,
저승에서 스티브 잡스에게 소송을 걸다

사람들의 대부분이 스티브 잡스가 스마트폰을 개발하였다고 생각하지만 수학을 하는 사람의 입장에서는 그렇지 않다.

스마트폰의 원천 기술은 수학자 데카르트와 날아다니는 똥파리의 합작품이다.

이 무슨 뜬금없는 소리냐고? 그 근거를 제시하고자 한다. 일단 수학자 데카르트에 대해 간략히 알아보자.

프랑스의 철학자, 수학자이자 과학자인 르네 데카르트가 남긴 유명한 말이 있다.

"나는 생각한다. 고로 존재한다."

우리가 여기서 알고 싶은 업적은 그가 위치 좌표계를 만들었다는 사실이다. 위치 좌표계가 뭔가 실마리를 제공할 것 같으니 좌표계에 대해 알아보자.

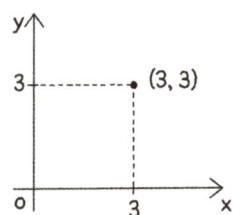

우리는 데카르트가 만든 좌표를 통해 파리의 위치를 알 수 있다. (3, 3) 지점에 파리가 붙어 있다. 그런데 그게 스티브 잡스의 스마트폰과 무슨 상관이란 말인가?

일단 가지고 있는 스마트폰을 보자. 내가 알고 싶은 내용이 있으면 터치. 그러면 내용으로 이동한다. 신기했었다. 처음에는 말이다.

손끝의 터치! 이것이 엄청나게 중요한 것이다. 내가 알고자 하는 것을 정확히 터치해야 내용 속으로 들어가 진다는 것이다. 이것은 좌표의 중요성과 관련이 깊다.

데카르트가 좌표를 만들기 전에는 위치에 대한 정확한 인식이 없었다. 아무것도 아닌 것 같아도 데카르트의 좌표는 수학사에서 위대한 업적이었다.

스마트폰은 컴퓨터의 일종이므로 그들이 쓰는 언어는 수이다.

우리가 사용하는 10진법과 다르게 그들은 2진법을 사용한다.

즉, 스마트폰은 수를 통해 의사소통이 가능해진다. 좌표에 대한 인식도 수를 통해 알아차리게 된다.

우리가 알고 싶은 것은 그런 복잡한 수학이 아니라 스티브 잡스가 데카르트의 기술을 훔쳤다는 것이다. 데카르트가 만든 좌표 기술 말이다. 터치스크린.

둘 다 고인이 되었으니 저승에서 염라대왕에게 지적 재산권에 대한 소송을 벌이지나 않을지 염려된다.

아마도 그 소송에서 스티브 잡스가 진다면 애플의 소유권이 수학자 데카르트에게 넘어가지나 않을지 염려스럽다.

북극 탐험에서 살아나기

탐험은 미지의 지역을 조사하거나 뭔가를 찾아내고 밝히기 위한 행위이다. 또는 어떠한 장소를 정복하기 위해서도 탐험을 한다.

만약 여러분들이 북극이나 남극을 탐험한다면 반드시 수학적 지식을 확보해야 한다. 특정한 장소로 이동하거나 자신의 위치를 정확하게 파악하기 위해서는 좌표라는 수학적 지식은 기본이 된다.

수학책에서 좌표를 배우는 것과 생존을 위해 좌표를 파악하는 일은 배로 어렵고 변수 역시 다양하게 적용된다.

예를 들어 설명하자. 북태평양 북부에 위치한 베링해는 서쪽은 시베리아, 동쪽은 알래스카에 접하고 있다.

베링 해협의 두 대륙 간의 최단거리는 88 km에 불과하다. 그러나 얼음 위로 걸어서 베링 해협을 건널 때는 떠다니는 거대한 얼음조각, 즉 유빙이 강풍과 조류에 의해 떠밀려 내려가기 때문에 실제 걷는 거리는 300 km가 넘기도 한다.

베링 해협의 횡단과 같이 유빙을 걸어서 통과하여 목적지까지 도착하기 위해서는 좌표에 대한 정확히 인식이 필요하다.

그런데 좌표는 기본이고 유빙의 속도와 이동하는 방향 및 거리를 정확히 이해하고 계산할 수 있는 능력도 갖추어야 된다.

유빙의 이동 경로와 속도를 예측하지 못하여 어려움을 겪는 경우는 비일비재하다.

유빙의 이동 경로에 따라 날짜 변경선을 고려해야 하기도 하고 때로는 별들의 위치와 대조하여 예측하는 작업도 필요하다.

만약 다음 같은 경우라면 우리가 어떻게 해결해야 하는지 알아보도록 하자.

사람이 유빙 위에서 12시간 동안 동쪽으로 40 km를 걸었고, 유빙은 12시간 동안 남쪽으로 50 km를 떠내려갔다. 좌표평면 위에서 출발점을 원점으로 하고 동쪽을 x축의 양의 방향, 북쪽을 y축의 양의 방향으로 했을 때, 12시간 후에 도착하는 지점의 좌표를 구하고, 출발점과 도착점 사이의 거리를 알아보자.

수학에 자신감을 가지고 도전해 보자.

우선, 좌표평면에 12시간 동안 동쪽으로 40 km 걸었고, 유빙은 12시간 동안 남쪽으로 50 km 떠내려갔다는 것을 나타내 보자.

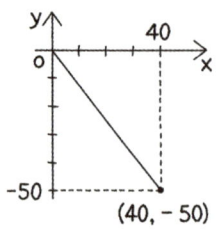

이때 두 점 사이의 거리를 구하는 공식을 안다면 이동한 거리를 알 수 있다.

$$A(x_1, y_1), \; B(x_2, y_2) \text{일 때 } A \text{와 } B \text{ 사이의 거리는}$$
$$d = \sqrt{(x_2 - x_1)^2 + (y_2 - y_1)^2}$$

우선, 처음에는 아무런 움직임이 없었으니 좌표는 (0, 0)으로 두고 이동한 지점의 좌표가 (40, -50)이므로 이 공식을 이용하여 이동 거리를 알아보면

$$
\begin{aligned}
d &= \sqrt{(40-0)^2 + (0-(-50))^2} \\
&= \sqrt{1600 + 2500} \\
&= 10\sqrt{41}\,(km)
\end{aligned}
$$

이렇게 출발점과 도착점 사이의 거리가 $10\sqrt{41}$ km인 것을 알 수 있다.

지구촌 구석구석의 탐험에서 살아남으려면 반드시 수학적 지식이 필요하다.

수학은 범인의
흔적을 찾는다

사건 현장에는 반드시 범인의 흔적이 있다. 범인의 흔적 중 가장 선두 주자는 지문이다.

지문(손가락 무늬, Fingerprint)은 손가락 끝 피부에 있는 땀샘의 입구가 융기한 선(융선)에 따라 만들어지는 모양 또는 이 융선의 형태를 만드는 모양이 물체의 표면에 부착된 후 만들어진 자취를 말한다.

지구에 있는 모든 사람은 모두 다른 지문을 가지고 있다. 사람의 지문은 기본적으로 모두 다르고 평생 변하지 않는다. 어떤 두 사람의 지문이 우연히 같을 확률이 약 870억 분의 1 정도에 불과하고, 일란성쌍둥이도 서로 지문이 같지 않기 때문에 지문감정은 DNA 감정과 비교해도 더 정확도가 높은 감정 방법이라 할 수 있다.(단, 지문이 유전되지 않는다는 인식은 잘못이며 실제로 인종이나 거주 지역마다 차이가 있다고 한다.) 이러한 지문의 특징 때문에 범죄 수사나 개인 인증에 사용된다. 또한 사인 대신 도장의 사용이 더 일반적인 한자 문화권에서는 '서명'과 같은 의미로 도장이 없을 경우 지장을 찍는 관습이 있다.

지문은 그 모양과 형태에 따라 반원형 지문과 고리형 지문 그리고 소용돌이형 지문으로 구분된다.

반원형 지문은 지문선이 한쪽으로 들어와서 다른 쪽으로 나가는 평탄한 반원형 지문(A형)과 지문선이 대칭적이고 가운데 부분이 마치 천막을 친 것과 같은 모양을 한 천막형 모양의 반원형 지문(T형)으로 나누어진다.

평탄한 반원형 지문(A형)   천막 모양의 반원형 지문(T형)

고리형 지문은 지문선이 왼쪽에서 시작하여 왼쪽으로 나가는 왼쪽 고리형 지문(U형)과 지문선이 오른쪽에서 시작하여 오른쪽으로 나가는 오른쪽 고리형 지문(R형)이 있다.

왼쪽 고리형 지문(U형)   오른쪽 고리형 지문(R형)

소용돌이형 지문도 있는데(W형) 아래와 같이 네 가지로 나타난다.

소용돌이형 지문(W형)

갑자기 궁금해진다. 우리들 중에서 반원형, 고리형, 소용돌이형 지문은 각각 얼마만큼 차지할까?

반원형 지문은 전체의 5%, 고리형은 65%으로 고리형이 제일 많다.

아마 지금쯤 자신의 지문을 보고 있을 것 같다. 소용돌이형은 전체의 30% 정도이다.

이런 지문의 자료는 두 단계를 거쳐 분류하게 된다.

첫 번째 분류방식

소용돌이형 지문 = 1, 반원형 지문 = 0, 고리형 지문 = 0

일단 컴퓨터로 분류할 때 수치화해서 돌리는 것이 가장 빠르다. 두 번째 분류가 좀 힘들다.

두 번째 분류방식

M = (오른손 집게손가락)×16 + (오른손 넷째 손가락)×8 + (왼손 엄지손가락)×4

   + (왼손 집게손가락)×2 + (왼손 새끼손가락)×1 + 1

다음은

N = (오른손 엄지손가락)×16 (오른손 가운뎃손가락)×8 + (오른손 새끼손가락)×4

   + (왼손 집게손가락)×2 + (왼손 넷째 손가락)×1 + 1

이때 $\dfrac{M}{N}$ 을 지문의 첫 번째 분류값이라고 한다. 분류방식의 원리를 당연히 국립과학수사원에서는 말해 주지 않는다. 하지만 수학자로서 수학이 이렇게 요긴하게 쓰이는 것은 즐거운 일이다.

두 번째 단계에서는 더욱 수치적인 방법을 사용한다.

$\frac{(오른손\ 집게손가락)}{(왼손\ 집게손가락)}$에 오른손 엄지손가락과 오른손 새끼손가락 그리고 왼손 엄지손가락의 지문만 소용돌이형이라고 하면 나머지 손가락의 지문은 반원형이거나 고리형이므로 수치화해 보면

- $M = (0) \times 16 + (0) \times 8 + (1) \times 4 + (0) \times 2 + (0) \times 1 + 1 = 5$
- $N = (1) \times 16 + (0) \times 8 + (1) \times 4 + (0) \times 2 + (0) \times 1 + 1 = 21$

앗, 왜 이런 식으로 수치화한 것인지 대략적 짐작이 간다. 컴퓨터가 인식하는 것은 오직 2진법뿐이다. 뒤에서부터 보면 2의 자릿값이고 그다음은 2는 2^1, 4는 2^2, 8은 2^3, 16은 2^4이다. 즉 자릿값을 2진법 전개식과 연관시켜 십진법으로 나타낸 것이구나.

우와! 살짝 감이 왔다.

그다음은 더욱 확장시켜 나가는 전략이다. 자연수를 포함하여 더 큰 수 체계는 유리수이다. 그래서 지문의 첫 번째 분류값을 $\frac{M}{N}$이라고 한 것이다. 그럼 여기서 M값과 N값을 넣어보면 $\frac{5}{21}$로 무수히 많은 지문의 값을 분류해 낼 수 있게 된다. 왜냐하면 자연수보다 유리수가 더 많은 분류의 범위를 만족시킬 수 있으니 말이다.

또 여기서 좀 더 나아가면 오른손 집게손가락이 천막 모양의 반원형 지문(T)이고, 왼손 집게손가락이 평탄한 반원형 지문(A)이라면, 두 번째 분류값은 $\dfrac{T}{A}$가 되고, 그로 인해 첫 번째와 두 번째의 분류는 지문 분류값이 $\dfrac{5\,T}{21A}$이다.

이렇게 복잡한 것을 어떻게 계산이 가능하냐고 생각하겠지만 컴퓨터의 언어인 2진법으로 입력해 주면 아무리 긴 수치 해석이라도 컴퓨터에게 너무도 쉬운 일이 된다.

컴퓨터는 아무리 많은 전 인류를 상대하더라도 이렇게 분류하면 식별이 가능하다는 것이 신기할 따름이다. 이런 데이터베이스가 깔린다면 무시무시한 일이 가능해지겠다.

지문은 주민등록증의 뒷면에 실려 있다. 주민등록번호가 필요 없을지도 모른다.

가상으로 생각하는 것이지만 지문 위조범이 있을 수도 있겠다. 컴퓨터가 걸러 내겠지만.

야구의 커브 볼에도
수학이 담기다니

야구공을 자세히 본 적이 있는가? 이 기회에 자세히 한번 보자. 야구에서 쓰이는 공. 실밥은 108개, 중량은 142g~145g으로 제조사마다 다르다. 겉은 가죽으로 감싸여 있고, 내부는 코르크와 고무 소재의 속심을 중심으로 굵은 실 → 중간 굵기 실 → 가는 실 순으로 실이 감겨 있다. 연식 구는 고무로 감싸여 있고 안전 구는 천연가죽 또는 인조피혁으로, 안은 스펀지 혹은 고무로 되어 있다.

실밥이 108개라서 농담 삼아 불교의 108번뇌가 담겨 있다고 하기도 한다.

폭포수처럼 떨어지는 커브 볼을 보면 놀랍다. 야구공의 둘레는 22.9 ~ 23.5 cm, 지름은 7.32 cm이다.

실밥이 108개인 것을 이용하여 커브 볼을 던질 수 있다. 투수는 이 실밥을 이용해 공의 방향과 회전, 속도를 조절한다. 공이 날아갈 때 공 주위에는 기류가 형성되는데, 실밥은 공기와의 마찰을 크게 해 압력 차이를 더 크게 만들고 회전 효과를 더해 준다. 물론 그 안에는 수학적 비밀이 담겨 있다.

투수가 던진 공이 휘는 이유를 우리는 마그누스 효과라고 한다. 마그누스 효과는 야구공을 던질 때만 나타나는 것은 아니다.

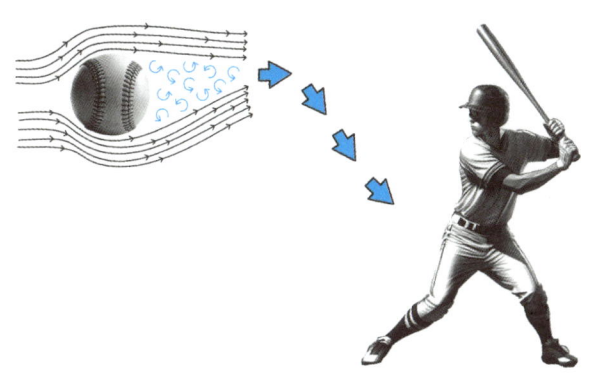

마그누스 효과

이 효과(Magnus effect)는 유체(액체 또는 기체) 속에 잠긴 채 회전하며 운동하는 물체에서 이 물체와 유체 사이에 상대속도가 존재할 때 그 물체의 속도에 수직인 방향으로 물체에 힘이 발생하는 현상이다.

축구에서는 바나나킥이 이 효과로 나타나는 현상이다.

마그누스 힘의 크기는 $F = l\rho\omega vA/2$로 나타낼 수 있다. 여기서 l은 비례 상수, ρ는 유체의 밀도, ω는 물체의 각속도, v는 선속도, A는 단면적이다. 따라서 공이 크고, 빠른 선속도와 각속도를 가질수록 힘이 커진다.

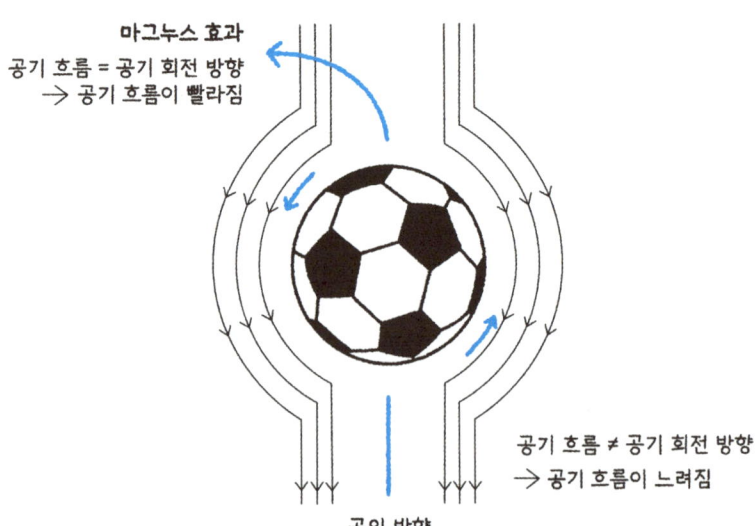

마그누스 효과
공기 흐름 = 공기 회전 방향
→ 공기 흐름이 빨라짐

공기 흐름 ≠ 공기 회전 방향
→ 공기 흐름이 느려짐

공의 방향

머리가 어지러울 수 있다. 하지만 녀석의 기본은 역시 변수에 대
한 4천 년의 역사를 자랑하는 방정식임을 알 수 있다.

리그전에도 행렬이

리그전은 경기에 참가한 모든 선수가 서로 빠짐없이 한 경기씩 대결하여 그 성적에 따라 순위를 결정하는 경기 방식이다.

리그전에 수학의 행렬은 어떤 식으로 이용되어 경기의 우승자를 알아내는지 살펴보자.

5명의 선수가 참가하여 리그전으로 진행한 경기의 결과를 다음 그림과 같이 그래프로 나타내었다.

이때, 1에서 2로의 화살표는 1번 선수와 2번 선수의 경기에서 1번 선수가 승리했음을 의미한다.

원래 행렬과 그래프는 한 세트로 이용된다. 그래서 행렬과 그래프라는 단원이 있는 이유이다.

그림을 보자.

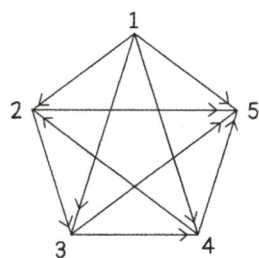

일단 승부의 결과를 기록한다는 면에서는 그래프가 행렬보다는 유리하다.

그런데 이 표를 보고 우승자를 찾기란 만만한 작업이 아닐 것이다. 수치화하는 작업이 필요한 대목이다.

이 경기의 우승자를 행렬을 이용하여 알아보자. 단순히 행렬에 쓰인 수만 본다면 어렵게 보일 수 있지만 0과 1로 기록된 행렬은 컴퓨터를 이용하면 단숨에 끝내 버릴 수 있다.

일단 그래프의 꼭짓점 1, 2, 3, 4, 5에 대하여 행렬 A의 성분 (i, j) 성분 a_{ij}를

$$a_{ij} = \begin{cases} 1 \ (i번\ 선수가\ j번\ 선수를\ 이긴\ 경우) \\ 0 \ (j번\ 선수가\ i번\ 선수를\ 이긴\ 경우) \end{cases}$$ 으로 정의할 때,

이 경기의 결과를 행렬로 나타내면 아래와 같다.

$$A = \begin{array}{c} \\ 1 \\ 2 \\ 3 \\ 4 \\ 5 \end{array} \begin{array}{c} 1\ 2\ 3\ 4\ 5 \\ \begin{pmatrix} 0\ 1\ 0\ 1\ 1 \\ 0\ 0\ 1\ 0\ 1 \\ 1\ 0\ 0\ 1\ 1 \\ 0\ 1\ 0\ 0\ 0 \\ 0\ 0\ 0\ 1\ 0 \end{pmatrix} \end{array}$$

행렬 A의 정의로부터 각 행의 성분의 합이 각 선수가 이긴 경기의 수를 의미하므로 1번 선수와 3번 선수가 각각 세 경기씩 이겼음을 알 수 있지만 우승자를 정할 수 없으므로 A^2을 계산하여 우승자를 알아보자. 행렬 A^2을 계산하면 다음과 같다.

$$A^2 = \begin{array}{c} \\ 1 \\ 2 \\ 3 \\ 4 \\ 5 \end{array} \begin{array}{c} 1\ 2\ 3\ 4\ 5 \\ \left(\begin{array}{ccccc} 0 & 1 & 1 & 1 & 1 \\ 1 & 0 & 0 & 2 & 1 \\ 0 & 2 & 0 & 2 & 1 \\ 0 & 0 & 1 & 0 & 1 \\ 0 & 1 & 0 & 0 & 0 \end{array}\right) \end{array}$$

여기서 행렬 A^2의 (2, 4) 성분에서 2는 2번 선수가 4번 선수를 이긴 선수 중에서 2명의 선수를 이겼다는 것을 의미한다.

실제로 2번 선수는 4번 선수를 이긴 1번, 3번, 5번 선수와의 경기에서 3번과 5번 선수를 이겼다.

따라서 A와 A^2의 합에서 각 행의 성분의 합은 직접 이긴 경기의 수와 간접적으로 이긴 경우의 수의 합이므로 이 경기의 우승자는 3번 선수이다.

$$A+A^2 = \left(\begin{array}{ccccc} 0 & 1 & 0 & 1 & 1 \\ 0 & 0 & 1 & 0 & 1 \\ 1 & 0 & 0 & 1 & 1 \\ 0 & 1 & 0 & 0 & 0 \\ 0 & 0 & 0 & 1 & 0 \end{array}\right) + \left(\begin{array}{ccccc} 0 & 1 & 1 & 1 & 1 \\ 1 & 0 & 0 & 2 & 1 \\ 0 & 2 & 0 & 2 & 1 \\ 0 & 0 & 1 & 0 & 1 \\ 0 & 1 & 0 & 0 & 0 \end{array}\right) = \begin{array}{c} \\ 1 \\ 2 \\ 3 \\ 4 \\ 5 \end{array} \begin{array}{c} 1\ 2\ 3\ 4\ 5 \\ \left(\begin{array}{ccccc} 0 & 2 & 1 & 2 & 2 \\ 1 & 0 & 1 & 2 & 2 \\ 1 & 2 & 0 & 3 & 2 \\ 0 & 1 & 1 & 0 & 1 \\ 0 & 1 & 0 & 1 & 0 \end{array}\right) \end{array}$$

행렬은 변수가 엄청나게 많이 셀 수 없을 정도로 나와 있어도 컴퓨터를 시켜 시뮬레이션을 돌리면 금방 계산해 낸다. 컴퓨터는 수학의 노예인 셈이다.

술 취한 사람의 수학

술에 취해도 수학을 한다? 맨 정신에 수학을 해도 어려운데 술에 취해 수학을 한다니. 정말 술에 취한 소리인가? 술에 취해 걷는 사람들은 대부분 수학적인 패턴으로 움직이고 거기다가 공식까지 만들어 낸다.

보통 사람들은 똑바로 걷는다. 하지만 술에 취하면 똑바로 걷기가 힘들다. 물론 마신 양에 따라 달라지지만.

미국 경찰들은 음주 단속을 할 때 팔을 수평으로 들고 일직선상으로 똑바로 걸어보라고 한다.

음주 상황을 판단하기 위한 조치이다.

사람은 술에 취하면 갈지자로 걷게 된다. 왔다 갔다 하는 것이다. 같은 거리여도 똑바로 걷는 것보다 훨씬 오랜 시간에 걸쳐 간다.

일반 사람이 X자 걸음으로 걸으면 대략 xm를 가게 된다. 하지만 술에 취한 사람은 xm를 가려면 x^2의 걸음을 걷게 된다는 것을 계산해 냈다. 누가? 현대 수학자들이.

술에 취해 무작위 걷기는 확산 방정식에 따른 확산 과정에 해당된다.

시간 t에서 확산량 y와 1차원 거리 x 사이에 등식이 성립하게 되어 있다.

$$\frac{\partial y}{\partial t} = k\frac{\partial^2 y}{\partial x^2}$$

이 식을 직관적으로 검토해보면 결과는 이렇다.

술 취한 사람이 x만큼 이동하려면 x^2의 걸음이 필요하게 된다.

이런 갈지자 횡보의 규칙은 술 취한 사람에게만 일어나는 방정식은 아니다. 뜨거운 기체 분자 역시 이런 방정식을 만족하는 움직임을 가진다.

결국 분자들도 술 취한다는 말인가. 그렇진 않겠지만 분자들 역시 이런 운동을 하면서 수학의 방정식을 따르게 된다.

분자 운동
물체를 구성하는 분자들이 온도에 따라 운동하는 것을 말하며
물질의 상태에 따라서 움직임 정도의 차이로 구분한다.

가령 보일러를 떼는 밀폐된 방이라고 하자. 온도가 올라가면서 방의 분자들이 이리저리 흩어지게 된다.

이런 분자들은 확산하면서 충돌을 하기 시작하는데 한 번 충돌하고 또다시 충돌할 때까지의 이동 거리를 x라고 한다면 분자는 이리저리 술에 취하는 듯한 충돌을 x^2번 하게 될 것이다.

수학의 방정식은 술 취한 사람이든 따뜻한 분자든 구별하지 않고 공평하게 적용된다. 분자가 술을 마시고 움직이면 어떻게 될까?

우주선의 속도는?

비행기도 빠르고 KTX도 빠르다.

비행기는 날개와 그에 의해 발생하는 양력을 이용해 인공적으로 하늘을 나는 능력을 가진 항공 물체이다.

비행기 속도는 약 500 mph(800 km/h)에서 625 mph(1000 km/h)이다.

비행기의 속도가 평균 900 km라면 KTX의 3배, 고속버스의 9배의 속도이다. 지금은 과속하는 비행기도 있다. 그것은 음속을 돌파하는 비행기를 말한다. 시속 1200 km를 돌파하는 비행기는 소리의 속도인 음속 1080 km보다 더 빠르다. 과속으로 딱지를 뗄 것 같은 비행기도 형님이라고 부를 수밖에 없는 동체가 있다. 그것이 바로 우주선이다. 그렇다면 우주를 날아다니는 우주선의 속도는 과연 얼마나 될까? 계산을 해 보도록 하자. 기본적으로 우주선은 음속이 아니라 빛의 속도인 광속의 단위로 움직인다. 긴장하시라.

속도가 v인 우주선 속에서의 시간을 T_0, 정지해 있는 곳에서의 시간을 T라고 두도록 한다.

그러면 우리는 다음과 같이 식이 성립되는 것을 보게 된다.

식을 보게 된다는 것이지. 이 식을 이해를 하려고 하지 않아도 된다. 그냥 보면 된다.

$$T = \frac{T_0}{\sqrt{1 - \left(\frac{v}{c}\right)^2}}$$

이때, c는 빛의 속도, 즉 300000 km/초이다.

식에서 빛의 속도가 등장했다는 사실에 살짝 긴장하고 이 식을 우리가 풀 수 있는 형태인 무리방정식 꼴로 모양에 변형을 주자.

별것 없다. 오른쪽 분수식의 분모를 T에 가져다 붙이면 된다. 중학생 때 배운 등식의 성질을 이용한 것이니 어렵게 생각하지 않도록 하자.

$$T_0 = T\sqrt{1 - \left(\frac{v}{c}\right)^2}$$

이제 우리는 이 식을 가지고 우주선의 속도를 느끼기만 하면 된다.

지구에서 흐르는 시간보다 $\frac{1}{2}$배 늦게 시간이 흐르는 우주선의 속도를 v로 놓고, 위의 방정식에 $T_0 = \frac{T}{2}$를 대입하자.

$\frac{T}{2} = T\sqrt{1 - \left(\frac{v}{c}\right)^2}$ 양변에 똑같이 있는 T를 소거하자.

$\frac{1}{2} = \sqrt{1 - \left(\frac{v}{c}\right)^2}$ 이제 방정식을 통해 v를 찾아 주면 된다. 양변을 제곱하여 정리하고 c에 빛의 속도인 300000 km/초를 대입하여 요리해 내면 우주선이 속도는 260000 km/초임을 알 수 있다.

우리가 사는 동안 이 속도로 날아다니는 우주선을 특가할인권 적용하며 탈 수 있는 날이 올까?

무인 단속 카메라도
수학을 인식하며 단속을 한다

운전을 하다 보면 노란불일 때 단속 카메라를 지나가게 된다. 그때 과연 단속이 되었을까 하는 걱정이 남기도 한다.

이런 무인 단속 카메라는 어떤 방식으로 단속을 하게 될까? 단속 방식에 어떤 시스템이 작동하는지 알아보도록 하자.

고정식 무인 단속 카메라는 자동차를 감지할 수 있는 센서를 도로에 설치해 놓고 우리를 노린다. 아니 당신만 노릴 수도 있지.

이 센서는 지나가는 시간을 측정하여 자동차의 과속 여부를 판단한다.

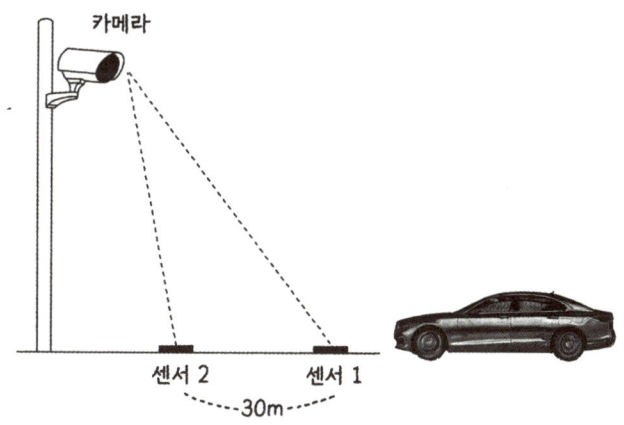

인간의 자동차를 노리는 그들의 시스템에 대해 좀 알아보자. 기계에게 감시당하는 기분이 드네.

제한 속도가 시속 100 km인 도로에서 알아보면 다음과 같이 무인 단속 카메라가 설치되어 있다. 그리고 그림에서 보듯이 카메라 앞의 두 센서 1, 2 사이의 거리는 30 m.

자동차가 센서 1을 통과하면 무인 단속 카메라는 자동차를 일차로 인식한다. 이 자동차가 1초 만에 센서 2를 통과하는 순간 단속 카메라는 자동차의 과속을 인식하여 사진을 찍게 된다.

그러니까 위반 여부는 인식 카메라를 통과하는 순간이 아니라 앞에 형성된 센서 지역에서 인식하는 것에 의한 것이다.

자동차가 제한 속도를 위반한 것을 측정할 수 있는 수학식을 하나 살펴보자.

제한 속도가 시속 60 km인 도로에서 식을 세워 보도록 하겠다. 두 센서의 간격을 a라 잡고 자동차가 두 센서 사이를 x초 만에 지나갔다고 하면 수학은 어떠한 분수부등식을 내놓을지.

여기서 필요한 식 하나를 보고 들어가자.

(거리) = (시간) × (속도)이다.

따라서 속도가 중심이 되는 부등식으로 나타내면 다음과 같다.

$$\frac{a}{x} > 60 \times \frac{1000}{3600}$$

만약 여러분이 분수식이 무서워 이 식을 넘기는 속도로 달리면 여러분의 집에 속도위반 과태료가 바로 부과된다. 무서워하지 말고 그래도 한때 고등수학을 했다면 식을 조금만이라도 보자.

슈퍼컴퓨터는
행렬을 좋아한다

　슈퍼컴퓨터는 일반적으로 사용하는 컴퓨터보다 연산 속도가 빠른 거대 용량의 컴퓨터를 말한다. 일기예보를 위한 슈퍼컴퓨터는 수치예보 모델을 사용해 기상정보를 빠르게 생산하기 위해 존재한다.

슈퍼컴퓨터

　2020년 6월부터 현재까지 세계 1위 슈퍼컴퓨터는 일본의 후가쿠이다.

　구동 시기를 기준으로 일반적인 컴퓨터에 비해 월등한 연산 능력을 보유한 컴퓨터. 월등한 연산 능력은 아주 많은 변수에 대한 처리

속도를 높일 수 있다는 장점을 가진다.

기후 변화와 같은 날씨에 미치는 요소는 상당히 예리하면서 많은 변수가 들어가야 계산해 낼 수가 있다.

날씨 변화 예측은 가로 30 cm, 세로 30 cm 정도만의 대기 변화로도 날씨가 확 바뀌게 될 정도로 예민하기에 관측이 쉽지 않다. 그래서 날씨 변화 예측이 잘 틀리는 이유이다.

이런 무수히 많은 변수를 처리하려면 일반 컴퓨터의 연산 능력으로 역부족이다. 그래서 연산 능력을 최대치로 올릴 수 있는 슈퍼컴퓨터가 존재하는 것이다.

이렇게 많은 변수가 필요한 부분은 비단 날씨만이 아니다. 사회 과학 분야의 연구에서도 그렇고 전자공학에서 전기 회로 기관을 설계할 때도 필요하다.

선형연립방정식

$$
\begin{pmatrix}
a_{11}x_1 + a_{12}x_2 + \cdots + a_{1n}x_n = b_1 \\
a_{21}x_1 + a_{22}x_2 + \cdots + a_{2n}x_n = b_2 \\
\vdots \qquad \vdots \qquad\qquad \vdots \\
a_{m1}x_1 + a_{m2}x_2 + \cdots + a_{mn}x_n = b_m
\end{pmatrix}
$$

행렬 표기

$$
\begin{pmatrix}
a_{11} & a_{12} & \cdots & a_{1n} \\
a_{11} & a_{12} & \cdots & a_{1n} \\
\vdots & & & \vdots \\
a_{m1} & a_{m2} & \cdots & a_{mn}
\end{pmatrix}
\begin{pmatrix}
x_1 \\ x_2 \\ \vdots \\ x_n
\end{pmatrix}
=
\begin{pmatrix}
b_1 \\ b_2 \\ \vdots \\ b_n
\end{pmatrix}
$$

| 계수행렬 | 첨가행렬 |

$$\begin{pmatrix} a_{11} & a_{12} & \cdots & a_{1n} \\ a_{21} & a_{22} & \cdots & a_{2n} \\ \cdot & & & \cdot \\ \cdot & & & \cdot \\ \cdot & & & \cdot \\ a_{m1} & a_{m2} & \cdots & a_{mn} \end{pmatrix} \qquad \left(\begin{array}{cccc|c} a_{11} & a_{12} & \cdots & a_{1n} & b_1 \\ a_{21} & a_{22} & \cdots & a_{2n} & b_2 \\ \cdot & & & \cdot & \cdot \\ \cdot & & & \cdot & \cdot \\ \cdot & & & \cdot & \cdot \\ a_{m1} & a_{m2} & \cdots & a_{mn} & b_m \end{array}\right)$$

이처럼 변수가 많은 방정식을 컴퓨터에 일일이 기입해서 인식시키는 것은 또 다른 하나의 일거리이다. 그래서 수학의 행렬을 이용하여 컴퓨터에게 먹이를 주는 것이다.

행렬

수학에서 행렬(matrix)은 수 또는 다항식 등을
직사각형 모양으로 배열한 것이다.

간단하지만 아주 유용한 형식이고 컴퓨터는 이런 형태를 매우 좋아한다.

간단하게 표현해 보도록 하자. 이것은 우리가 자주 봐온 연립방정식의 형태다.

$$\begin{cases} 2x - 3y = 1 \\ 3x - 4y = 2 \end{cases}$$

이것을 행렬을 이용하여 표현하면 다음과 같이 간단하다. 수만 남고 문자는 사라진다.

$$\begin{cases} 2x - 3y = 1 \\ 3x - 4y = 2 \end{cases} \Rightarrow \begin{pmatrix} 2 & -3 & 1 \\ 3 & -4 & 2 \end{pmatrix}$$

이처럼 행렬을 이용하면 슈퍼컴퓨터로 미지수가 600개인 연립방정식을 푸는 데 약 5분 정도밖에 걸리지 않는다.

그래야 날씨 변화 같은 무수히 많은 변수를 해결해 내지 않을까.

육상 경주에서
커브 돌기 유리한 코스를 계산하라

200 m 달리기에는 커브를 돌아야 하는 코스가 있다. 그런데 커브를 돌 때 안쪽 레인과 바깥 쪽 레인 중 어느 쪽이 유리할까?

육상 선수들은 자신이 선호하는 레인을 다들 가지고 있다고 한다. 그 이유는 자신의 키에 따라 호불호가 갈리기 때문이다.

키가 큰 그 선수는 바깥쪽 레인을 선호할 것이고, 안쪽 레인은 커브를 돌 때 급하게 돌아야 하므로 큰 키에는 불리하다. 작은 차이라고 할지라도 경기와 심리에 미치는 영향은 결코 작을 수 없다.

200 m 달리기에서 레인의 폭은 1.22 m이다. 나중에 이것을 중심으로 계산하기로 한다.

키가 큰 선수가 안쪽 레인을 달리면 보폭을 줄여서 뛰거나 자기 레인의 바깥쪽으로 최대한 붙어 뛰는 요령이 필요하다.

레인을 선택할 시 유불리에 미치는 영향으로는 바람의 영향 또한 상당하다.

바람이 직선 코스에 직각으로 분다면 바깥쪽 레인의 주자는 안쪽 레인의 주자보다 바람의 영향을 덜 받게 된다.

안쪽 레인이 더 힘든 이유를 이제는 수학적으로 알아보도록 하자. 맨 안쪽 레인의 안쪽 선이 그리는 원의 반지름은 36.5 m이고 각 레인의 폭은 1.22 m. 바깥쪽으로 갈수록 코스의 원의 반지름은 커지게 된다. 원형을 뛰는 데 드는 힘이 더 작아지는 경로가 된다. 그래서 8번 레인이 그리는 원의 반지름은 $36.5 + (7 \times 1.22) = 45.04$이다. 질량이 m인 주자가 반지름이 r인 원형 경로 안에서 속도 v로 달리는 데 필요한 힘은 $\dfrac{mv^2}{r}$이다.

따라서 반지름 r이 커지면 커브가 완만해지므로 들어가는 힘이 줄어들게 되어 있다.

줄어든 힘만큼 남은 직선 경로에서 힘을 발휘하게 된다.

수학적 모형을 이용하면 바깥쪽 레인이 유리하다는 것을 알 수 있다. 그런데 실제로는 우승은 유리한 8번 레인이 아니라 3, 4번 레인에서 많이 나오는 이유는 뭘까? 그건 가장 빠른 선수가 예선을 통과하고 3, 4번에 많이 배정받기 때문이다. 수학과는 별개잖아.

4장

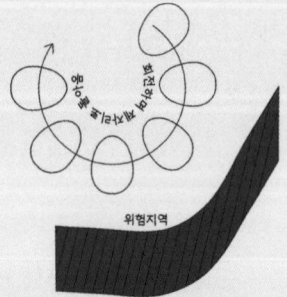

위험지역

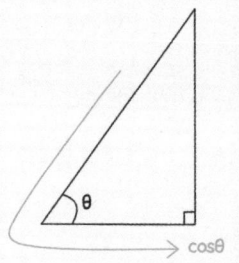

기하의
침루력

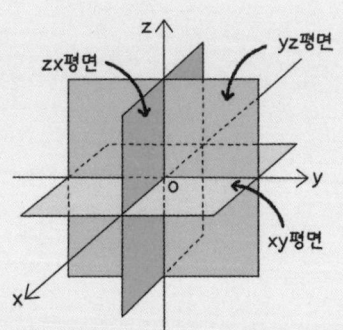

원은 수학 교과서에서만 쓰이는 게 아니다

인간이 달을 보며 생각한 도형이 원이다. 삼각형, 사각형은 자연에 거의 존재하지 않는 인간의 머리에서 나온 도형인 반면 원은 자연의 생산품이다.

원이라고 하면 그냥 동그라미로 생각할 수 있지만 학년이 올라가면서 원은 스토리를 지니게 된다.

원은 자신의 변화하는 몸을 드러낼 수 있다. 마치 보디빌더처럼 자신의 몸을 조각할 수 있다.

$$x^2 + y^2 = r^2 \, (\text{원의 방정식})$$

원의 방정식에서 r는 중요한 역할을 하는데 자신의 몸집을 부풀릴 수 있는 요소가 된다.

r는 수학 좀 기억하는 친구들은 반지름이라는 것을 안다. 반지름이 늘어나면서 원은 자신의 덩치를 키운다.

원이 좌표평면에서 좀 굴러다니려고 하면 자신의 신체에 타투를 좀 해 넣는다.

$x^2 + y^2 = r^2$식에서는 원의 중심은 $(0, 0)$이다. 이제 원을 저쪽으로 굴려 보자. x축으로 2만큼 y축으로 1만큼 굴리려면 식에 어떠한 타투를 하는지 보여 주겠다.

일단 괄호를 이용하여 타투를 새기자.

$$(x-2)^2 + (y-1)^2 = r^2$$

이렇게 만들면 원은 다음과 같이 굴러간다.

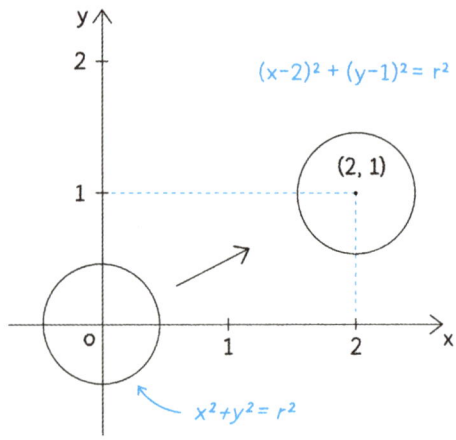

원은 좌표평면이라는 공간에서 자신의 신체 모습을 부풀리거나 이리저리 돌아다닐 수 있다. 사람과 비슷하네.

그러니 이런 원이 인간의 생활 속으로 파고들어 왔다. 그 사실을 한번 살펴보자.

하수관 내의 점검이나 청소, 파이프의 연결이나 접합을 위해 사람이 출입하는 시설인 맨홀에서 활약하는 원에 대해 이야기해 보겠다.

거의 대부분의 맨홀 뚜껑이 원의 모습을 띠고 있다. 그 이유를 수학적으로 설명하면 다음과 같다.

① 둥근 모양의 무거운 쇳덩어리는 굴릴 수 있기 때문에 운반이 편리하다.
② 맨홀 뚜껑이 각이 지면 귀퉁이가 쉽게 손상된다.
③ 맨홀 뚜껑이 둥글면 내압강도가 좋아서 충격에 잘 견딜 수 있다.

여기에 수학적 이유 하나 더 추가.

사각형은 가로의 길이와 세로의 길이가 대각선 길이보다 짧아 구멍과 뚜껑의 폭에서 차이가 발생한다. 이 때문에 뚜껑을 수직으로 세우면 구멍으로 빠지게 된다. 이는 삼각형, 오각형, 육각형 등의 다른 다각형도 마찬가지다.

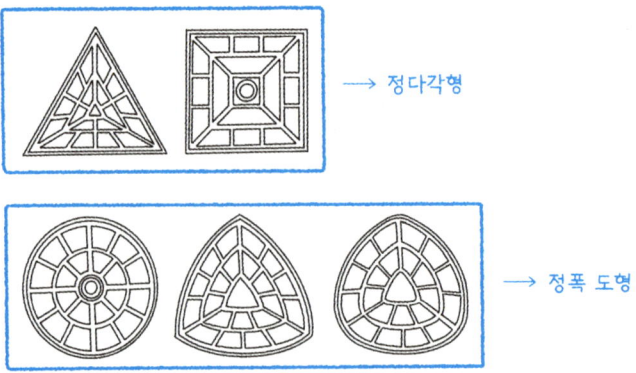

→ 정다각형

→ 정폭 도형

맨홀 뚜껑은 어느 방향에서나 폭이 일정한 정폭 도형으로 만들어져야 한다.

원은 어느 방향이든 지름이 같기 때문에 어느 방향이든 폭이 일정하게 만들어져 있다. 수직으로 세워 아무리 방향을 바꿔도 구멍에 빠지지는 않는다.

원처럼 폭이 일정한 도형을 '정폭 도형'이라 한다. 원 말고도 폭이 같은 도형은 많다. 정삼각형을 그린 후 각 꼭짓점에서 다른 두 꼭짓점을 모두 지나도록 삼각형의 한 변의 길이와 같은 원을 그리면 볼록한 정삼각형이 되는데 이것을 '뢸로 삼각형'이라고 부른다.

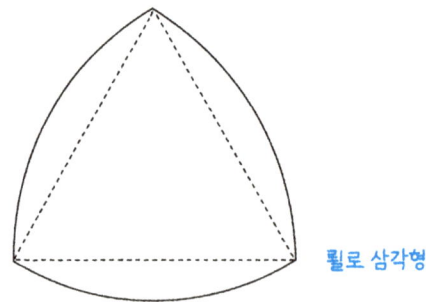

뢸로 삼각형

뢸로 삼각형은 3개의 부채꼴을 포함하기 때문에 폭이 모두 똑같다. 뢸로 삼각형은 기타의 피크 모양으로 많이 사용되고, 뢸로 삼각형 외에도 폭이 같은 '뢸로 다각형'이 해외에선 이미 맨홀 뚜껑 모양으로 이용되는 사례가 여럿 있다. 갑자기 원을 이야기 하다가 옆길로 빠진 느낌인가. 아니다. 뢸로 삼각형도 원의 도움 없이 만들어지지 않는다.

뢸로 삼각형을 만들어 내는 모습에서 원의 활약을 알 수 있다. 원의 돌연변이라고 보면 된다.

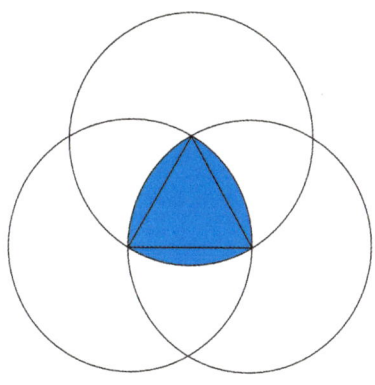

뢸로 삼각형을 만드는 세 원

원 3개가 일정하고 영역을 만들면 그 안에서 정삼각형이 탄생하는데 그 삼각형을 필두로 각 꼭짓점이 맞물리는 세 원들의 호를 빌려서 몸을 만들면 통통한 뢸로 삼각형이 모습을 드러낸다.

피자에도 원의 성질이 잘 반영되어 있다. 왜 피자의 모양이 원형일까? 원은 피자의 모습까지 결정한다.

원은 실용적이고 효율적인 도형이다. 최소의 길이로 최대의 넓이를 확보할 수 있기 때문이다. 간단하게 같은 길이의 실로 원, 삼각형, 사각형을 만들어 보면 원이 넓이가 가장 크다. 원만한 친구네.

피자가 원 모양인 결정적인 또 하나의 이유. 작은 반죽 덩어리를 크게 만들고 그 위에 피자 재료를 많이 얹을 수 있다. 원은 가성비가 높은 도형이다. 원 모양의 도우는 열이 전해지는 넓이를 최대로 하여 빵을 구울 때 열이 효과적으로 전달된다. 냄비의 바닥이 둥근 모양인 것도 열을 고르게 전달하기 위해서이다. 피자가 삼각형이나 사각형이라면 중심에서부터 각각의 변까지의 길이가 똑같지 않아 열을 효율적으로 전달하기 힘들게 된다. 다른 도형은 중심에 놓인 음식보다 거리가 먼 쪽에 있는 음식이 잘 익지 않는다.

뷔페를 가면 접시들이 다 둥글다. 이유가 있다. 원이 도형 중 가장 가성비가 가장 높은 도형이므로 더 많은 음식을 담을 수 있기 때문이지.

테이블 역시 둥근 모양이 많은 것도 같은 이유다.

둥근 테이블은 중국 식당이 생각나네. 그곳에서도 수학이 즐비하니 현장을 잠시 옮긴 후 돌아오도록 하겠다.

중국요릿집에 가서 한 번쯤 경험하게 되는 현상이 있다. 짜장면이 나오기 전에 반찬인 노란 무가 나오는데 그 종지가 자꾸 옆으로 흐를 때가 있다. 그래서 테이블에 천을 깔아 놓는 중국집이 있기도 하고 원탁을 사각형으로 쓰는 식당도 있다.

원탁 테이블의 단점이기도 하는데 이것을 수학을 이용하며 쉽게 종지가 흐르지 않게 바로잡을 수 있다.

여기에 투입되는 수학의 원리는 중간값 정리이다.

중간값 정리

함수 $f(x)$가 닫힌구간 $[a,\ b]$에서 연속이고 $f(a) \neq f(b)$일 때,

$f(a)$와 $f(b)$ 사이의 임의의 실수 k에 대하여

$f(c) = k$인 c가 닫힌구간 $[a,\ b]$에 적어도 하나 존재한다는 정리.

고등 수학을 기억하지 못하는 분들에게는 이해가 되지 않을 테니 그림을 보도록 하자.

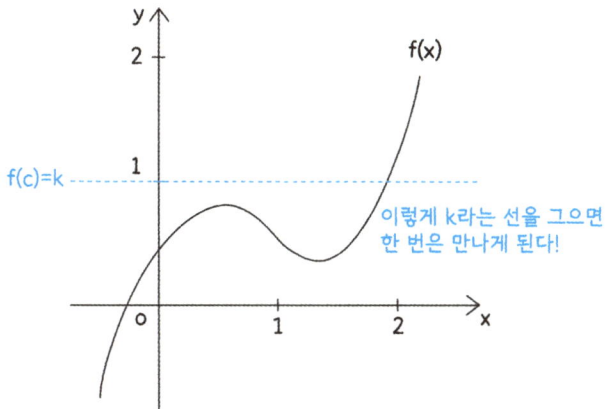

이 정도 설명한 상태에서 우리에게 시급한 흘러내리는 종지를 멈추게 해 보자.

원탁 테이블 아래에는 3개의 다리가 있을 것이다. 4개인 경우도 있지만 3개인 경우가 수학적으로 가장 안정감 있는 경우다.

하지만 이것으로도 흘러내리는 반찬 그릇을 막지 못한다면 이제 중간값 정리를 이용하여 이 사태를 막도록 하겠다. 중간값 정리라고 해서 어렵게 생각하지 않도록 하자.

그냥 원탁 테이블을 이리저리 돌리면 되니까 그러면 아래의 테이블 기둥이 이리저리 돌아가면서 고르지 않았던 지면과 딱 일치하는 순간이 적어도 한 번은 존재하게 된다.

어느 순간이 적어도 하나는 반드시 존재하게 되는 그 순간을 중간값 정리라고 할 수 있다.

좌표평면을 발명한 데카르트를 불러와서 좌표평면에 그 순간을 그려본다.

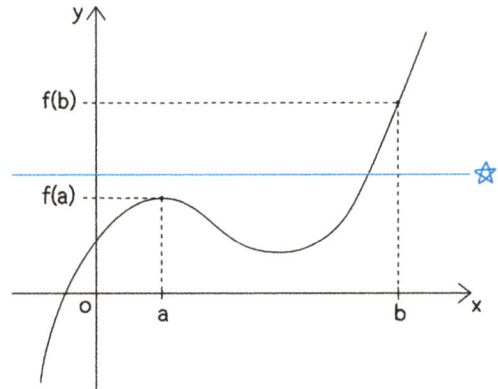

왼쪽 그림에서 별표가 있는 지점에서 테이블은 정확한 중심을 잡게 될 것이다. 테이블 다리를 돌려 보면서 움직임을 나타내는 그래프는 곡선의 그래프이고 그 지점이 직선의 그래프를 통과하면서 한 점을 만나게 되는 그 지점에서 테이블은 중심을 잡으면서 노란 무 종지는 움직임을 멈추게 된다. 그곳에서 평형을 이루게 되는 것이다. 어라, 노란 무 종지가 안 움직이네. 신기하네.

　이제 다시 돌아와서 원이 그리스 로마 시대에 많은 병사들의 목숨을 살린 사례를 알아보겠다.
　원이 어떻게 목숨을 구하냐면 동그란 방패의 모습에 있다. 방패를 원의 모양으로 만들면 면적의 활용도가 높아서 잘 방어할 수 있거든.
　방패를 원 모양으로 만들면 최소한의 재료와 무게로 최대한 보호해 준다. 원의 같은 길이로는 최대의 면적을 지닌 도형이다.
　가장 넓은 형태로 보호하는 동시에 공격에 노출되는 면은 최소화하는 것이다.

코로나바이러스가
수학을 한다?

코로나 이 녀석 때문에 엄청 괴로운 세상이 되었다. 코로나바이러스는 코로나바이러스과의 코로나바이러스아과 Coronavirinae 에 속하는 RNA 바이러스의 총칭으로, 사람과 동물의 호흡기와 소화기계 감염을 유발한다. 한마디로 아프다. 주로 점막전염, 비말전파로 쉽게 감염되며, 사람에게는 일반적으로 경미한 호흡기 감염을 일으키지만 치명적인 감염을 유발하기도 하며, 소와 돼지는 설사, 닭은 호흡기 질환이 발생하기도 한다. 무섭지.

코로나바이러스의 이름은 왕관을 뜻하는 라틴어 코로나에서 유래되었고 전자현미경으로 보면 바이러스 겉 부분의 가장자리가 왕관 혹은 태양의 코로나를 연상시키는 모양을 가지고 있더라. 이러한 형태는 스파이크단백질이라는 놈이 화가도 아니면서 그려낸 것이다.

이런 바이러스는 유전 물질인 DNA나 RNA 단백질 껍데기에 몸을 숨기고 있다.

녀석들의 껍데기는 둥근 모양인 경우가 많은데 둥근 모양은 충격에 강하기 때문이다. 녀석이 수학을 좀 하네. 둥근 원의 형태적 유리함을 이용하다니. 그만큼 녀석을 때려잡기가 힘들다는 소리다. 바이러스들은 그만큼 충격에 강하게 진화되었다는 소리다.

그런데 녀석들을 좀 더 정밀하게 보면 놀랍게도 둥근 모습이 아

니라 스무 개의 정삼각형으로 이루어진 정이십면체를 이루고 있다
는 사실이다.

중학교 과정에 충실했던 사람이라면 정이십면체라는 말에 깜짝
놀라게 될 것이다. 왜 그런지 중학교 때 배운 정다면체를 보면서 알
아보자.

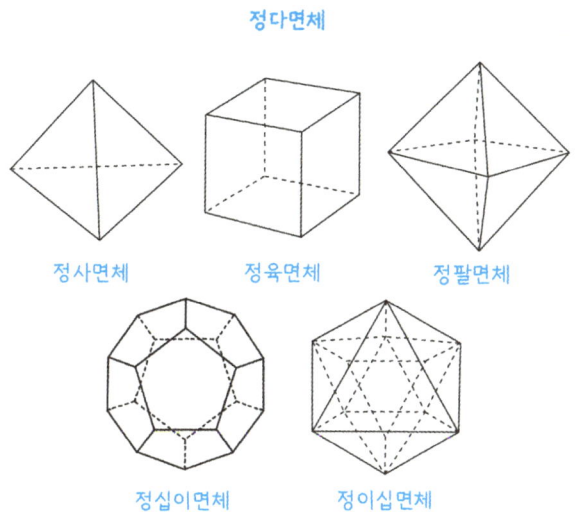

정다면체

정사면체　　　　정육면체　　　　정팔면체

정십이면체　　　　정이십면체

지구상의 볼록 정다면체는 오직 이 5개만 존재한다. 절대 더 이
상은 없다. 와 좀 신기하다.

우주를 통틀어도 오로지 5개의 볼록 정다면체만 존재한다는 것
은 다음과 같이 매우 간단하게 증명할 수 있다.

1. 다면체에서 최소한 3개의 면이 있어야 하나의 꼭짓점이 만들어진다.

2. 각 꼭지각의 합은 360°보다 작아야 한다.

3. 다면체를 구성하는 면은 모두 합동이므로 각 꼭지각의 크기는 같다. 한편, 이런 꼭지각이 최소 3개로 구성되므로 모든 꼭지각의 크기는 360°÷3=120°보다 작아야 한다.

4. 내각의 크기가 120°보다 작은 정다각형은 정삼각형, 정사각형, 정오각형 뿐이다.

5. 정삼각형 : 내각의 크기가 모두 60°이므로 하나의 꼭짓점에 모일 수 있는 삼각형 면의 개수는 3개, 4개, 5개이다. 이것은 각각 정사면체, 정팔면체, 정이십면체에 해당한다.

6. 정사각형 : 내각의 크기가 모두 90°이므로 하나의 꼭짓점에 모일 수 있는 사각형 면의 개수는 3개이다. 이것은 정육면체에 해당한다.

7. 정오각형 : 내각의 크기가 모두 108°이므로 하나의 꼭짓점에 모일 수 있는 오각형 면의 개수는 3개이다. 이것은 정십이면체에 해당한다.

이런 조건이 만족되는 것이 지구상에서 5개뿐이라 신기할 따름이다.

바이러스는 이런 5개의 정다면체에서 현명하게도 정이십면체를 선택했다. 정이십면체는 정다면체 중에서 가장 면의 수가 많아 구의 모양에 가깝기 때문이지. 구는 사방으로 침략하기에 가장 적합한 형태이다.

이로써 바이러스는 자신의 신체를 수학적으로 변형시킨 셈이다. 이렇게 수학을 할 줄 아는 녀석이 우리를 공격하니 우리가 아프고 힘들어지는 것은 어쩜 당연한 것이 아닐까? 수학으로 공격을 해대니 일단 몸은 아프게 된다.

수학은 이처럼 무시무시한 공격력을 지니고 있는 셈이다.

우리는 여기서 바이러스에 좀 더 알기 위해 캡시드라는 말을 살펴볼 필요가 있다.

캡시드capsid는 바이러스 게놈을 둘러싸고 있는 단백질 껍질을 가리키며 캡소미어로 구성되어 있다. 캡시드는 바이러스 게놈과 캡시드의 입체 배열에 의한 입방 대칭, 나선 대칭, 비대칭 등 다양한 구조를 가진다. 캡시드는 바이러스의 유전체를 보호하며, 숙주 세포막의 수용체에 잘 부착할 수 있도록 돕기도 한다. 이렇게 공격하는 것이다. 캡시드는 바이러스가 세포에 침입한 후 세포 또는 바이러스 자신의 효소에 의해 제거된다. 이 과정을 허물이라고 부른다.

많은 바이러스가 정이십면체 캡시드를 가진다. 20개의 삼각형 면과 12개의 꼭짓점, 그리고 60개의 단백질 단위체로 구성된다. 따라서 가장 단순한 바이러스의 캡시드는 60개의 단백질 단위체로만 이루어져 있는 것이다.

놀랍다. 몸에 기생해야 비로소 생명체가 되는 바이러스가 이렇게 철저히 수학을 이용하는 것을 보니 섬뜩한 느낌이 든다.

아직도 감기 바이러스에 대한 치료제는 존재하지 않는다. 얼마간 앓고 난 후 어느 정도 지나면 우리의 인체 면역으로 바이러스를 물리친다. 때론 심각한 바이러스에 우리의 생명을 내 주기도 하니 그 것이 문제다.

좀 더 수학에 대한 깊은 연구로 바이러스를 퇴치하는 길이 열리기를 기대해 본다.

박테리오파지bacteriophage는 박테리아를 숙주세포로 하는 바이러스를 통칭하는 말이다.

90~100 mm의 중형 크기의 바이러스이며 외피는 없다. 모양은 정이십면체로 되어 있으며, 이중나선 형태의 DNA를 가지고 있다. 아데노바이러스는 어린이가 걸린 상부 호흡기 질환 중 5~10 %의 원인이며 어른들도 감염되기도 한다.

수학이 다이아몬드의 가치를 더 높인다

다이아몬드는 보석의 왕이다. 아주 특별한 탄소 덩어리로 이루어진 다이아몬드. 자연 상태에서는 가장 단단한 녀석이다.

다이아몬드는 광학적 성질을 가지고 있는데 광학적 성질은 다이아몬드의 굴절률을 말하는 것이다.

다이아몬드의 굴절률은 2.4이다. 비교 대상이 없으니 허전하다. 물의 굴절률은 1.3, 유리의 굴절률은 1.5. 별로 차이가 안 나는 것 같아 보여도 물과 유리가 0.2 정도밖에 나지 않는 것을 비교해 볼 때 2.4는 상당히 큰 굴절률임을 알 수 있다.

굴절률이란 광선이 다이아몬드를 통과할 때 아주 큰 각도로 구부러진다는 뜻이다.

빛이 다이아몬드를 통과할 때 다이아몬드의 표면과 수직으로 이루는 각도가 24도 이상이 되면 통과하지 못한다.

역으로 잘 세공된 다이아몬드를 통과하는 빛은 눈부신 광채를 낼 수 있다. 이건 다이아몬드의 분산 능력이 극대치가 된다는 뜻이기도 하다.

다이아몬드는 세공하기에 따라 그 광채가 달라진다.

다이아몬드의 연마 과정에 대해 알아보자.

연마라는 뜻은 고체를 갈고 닦아서 표면을 반질반질하게 한다는 뜻이다. 영어로는 polishing이라고 한다. 가공되지 않은 다이아몬드는 가공된 상태보다 가치가 떨어진다.

1. 절단 계획

절단은 다이아몬드의 무게를 결정하게 되므로 매우 중요하다. 이때도 3차원 컴퓨터를 통해 수학적 시뮬레이션으로 최적화를 시킨다. 돈과 바로 연관되기 때문이다. 수학이 돈이 되는 셈이다.

2. 절단

필요 없는 부분을 도려내는 작업이다.

3. 둥글게 만드는 원형화 작업

4. 다이아몬드 연마 과정의 가장 중요한 광택작업

다이아몬드의 대칭화 작업으로 수학의 기술이 필요한 지점이다. 이처럼 다이아몬드의 가공 과정에도 수학은 필요하다. 대칭과 비율에 따른 광채의 유무 체크, 좋은 커팅을 위한 최적화 작업이다.

다이아몬드는 크기, 색깔, 투명도, 커팅 정도에 따라 등급이 달라진다. 그래서 다이아몬드는 커팅에 수학을 이용한다.

시각적 효과를 높이기 위해 특별한 비율과 각도의 범위를 조절하여 다이아몬드의 커팅을 한다.

다음 그림은 톨코프스키가 다이아몬드의 광채를 최적화시키는 방법을 나타낸 것이다. 기하학을 이용한 것이다.

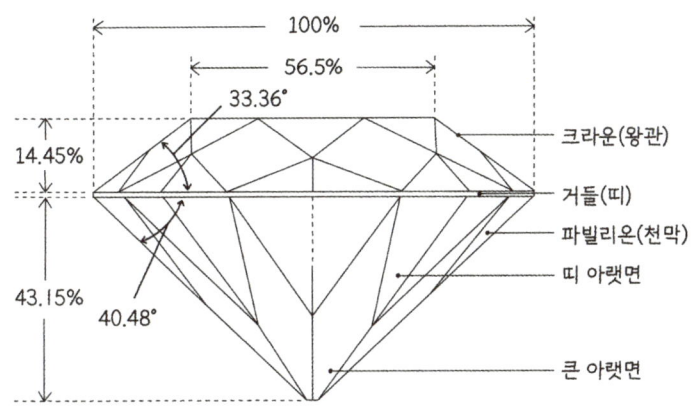

다이아몬드의 표면에는 특별한 명칭을 가지고 있고 그에 맞는 비율도 존재한다. 다이아몬드가 특별한 가치가 있는 이유 중 하나에 수학이 관여하고 있음을 알 수 있다.

달걀 하나 먹기도 무섭다
그곳에도 수학이 있기에

달걀 모양을 지금 떠올려 보자. 아마도 타원형이 떠오를 것이다.

수학에서 다루는 타원의 모습

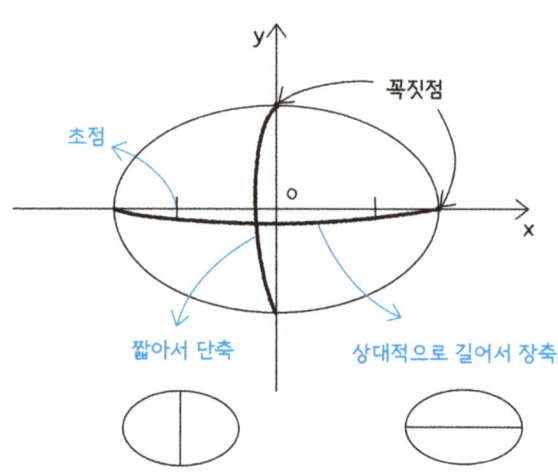

좌표 평면에서 그려지는 타원의 모습은 수학적이라 싫을 것이다. 또 우리는 지금 이런 타원에 대해 다루지는 않는다.

눈썰미 있는 분이라면 달걀의 모양이 결코 수학에서 말하는 대칭형의 타원 모양이 아니라는 것을 알 것이다.

달걀을 세우지 말고 눕혀 보면 결코 좌우대칭이 아니라는 것을 알게 된다. 전문가들은 달걀의 모양을 타원이라고 부르지 않고 난형이라고 구분해서 부른다.

한쪽은 약간 뾰족하고 반대편은 두리뭉실하다. 비대칭 모양을 지니고 있다.

이런 모양에는 수학의 기하학적 요소가 들어 있다. 즉 달걀 속 물체 질량의 중심이 기하학적 중심에 놓여 있게 하지 않기 위함이다. 왜 좌우대칭 지역에 무게의 중심을 두지 않을까?

중심을 다른 곳으로 배치한 이러한 난형의 모습은 달걀의 생존에 중요한 역할을 한다.

이제 다음의 그림을 보자.

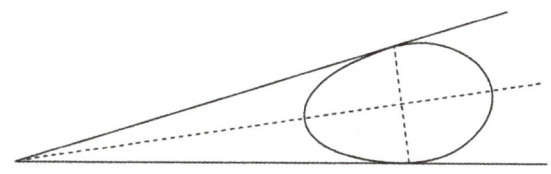

난형의 달걀은 어떠한 움직임이 일어날 때 뾰족한 쪽으로 달걀이 회전을 하면서 자신의 위치로 되돌아오는 작용을 한다.

이런 이유는 닭이 날지 않는 것에 기인하기도 하는데 더 알아보면 알의 형태는 어미 새와 비교하면 연관성이 바로 드러난다. 바로 바다오리처럼 비행 능력이 뛰어난 새일수록 길쭉한 알을 낳고 비행을 안 할수록 타조처럼 구형에 가까운 알이 나온다는 것이다.

달걀은 이것들의 중간 형태쯤이 될 것이다. 닭은 잠깐 날기도 하지만 오래 날지는 못한다.

알 모양 곡선 또는 난형선은 각각 다른 2개의 반지름을 가지고 그려낼 수 있다. 원호는 한 점에서 만나도록 만들고, 이 접점에서 원호의 수직선은 같아서 부드럽게 이어진다. 알 모양 곡선은 어느 점에서도 일정한 반지름을 가진 원호에 속하는 반면에, 타원의 반지름은 계속 변하게 되어 있다.

그래서 달걀은 외부의 움직임에 다른 곳으로 굴러가지 않고 다시 제자리로 돌아온다.

닭이 수학을 하는 것일까? 수학은 발명이기도 하지만 발견이기도 하다. 그들의 생존 DNA에 수학이론이 숨겨져 있었던 것이다.

달걀 모양의 곡선을 수식으로 나타내 보자.

달걀 형태 혹은 난형으로 부르는 알 모양 곡면은 알 모양 곡선의 중심축을 기준한 회전체이다. 다음은 상수가 양수일 때 3D 달걀의 근사식이 된다.

$$x^2 + y^2 + z^2 \left(1.5 \cos\left(\frac{z + \frac{a}{2}}{a} \right)^2 \right) = a$$

우리가 수학자는 아니라면 저 식을 통으로 알 필요는 없다. 하지만 달걀의 모습을 이루는 식이 있다는 것이 신기하지 않은가.

너무 깊이 있게 식을 들여다볼 필요는 없다. 그냥 식 가운데에 cos이라는 것이 보이는데 그것만이라도 이야기 속의 내용으로 녹여내보자.

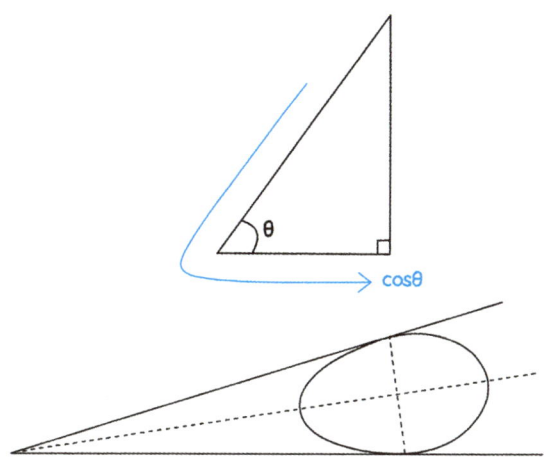

군이 2개의 모습을 수학적으로 적용하는 것은 바라지 않는다. 하지만 회전에는 cos(코사인)과의 어떤 연관성이 있을 것이라는 작은 짐작은 할 수 있지 않을까.

이것이 군이 어려운 수식을 보여 주는 이유이기도 하다. 텔레비전을 켤 때 리모컨에서 송출되는 전자파에 대한 물리적 원리를 몰라도 텔레비전을 켤 수 있듯이. 그런 의미에서 보여준 식이다. 텔레비전이 켜지는 원리를 몰라도 텔레비전을 봐도 된다. 위 식을 모른다고 해서 위의 식이 존재하지 않는 것이 아니듯이.

물론 닭들이 이 식을 알고 적용하는 것은 아니지만 위 식을 알고 있는 닭이라면 감히 우리가 양념치킨을 해 먹을 수는 없을 것이다.

달걀에 맞춘 수학적 해석이다.

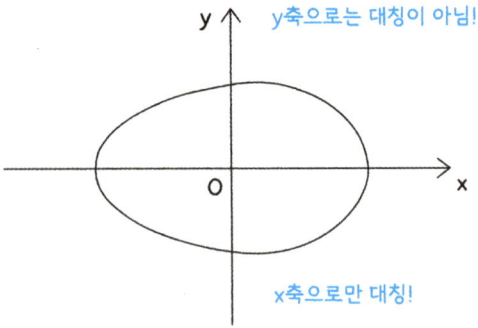

y축으로는 대칭이 아님!

x축으로만 대칭!

달걀 모양의 난형 곡선은 대칭축을 하나만 가진다. 반면 우리가 알고 있는 타원은 대칭축을 2개 가지는 곡선이다.

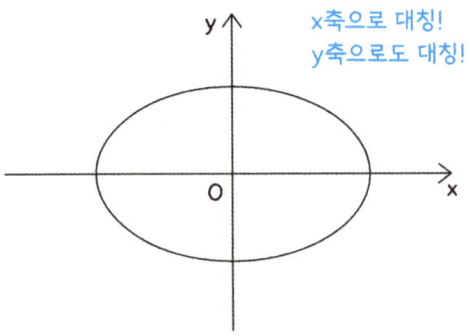

x축으로 대칭!
y축으로도 대칭!

달걀과 자세히 비교해보면 확실히 대칭축에서 다르다

타원은 세로축, 가로축 2개의 대칭축을 지니고 있다. 달걀은 결코 타원이 되지 않은 지혜에 생존의 원인이 있다. 알 속에서도 자신을 지키고자 하는 생명 덩어리의 강력한 의지가 만든 형태일까. 아니면 자신의 알을 보호하기 위한 어미닭의 몸속 과학일까?

무슨 소리하는지 난감해하는 이들을 위해 난형의 달걀이 밖으로 나가떨어지지 않고 원래 둥지로 돌아오는 모습을 보도록 하자.

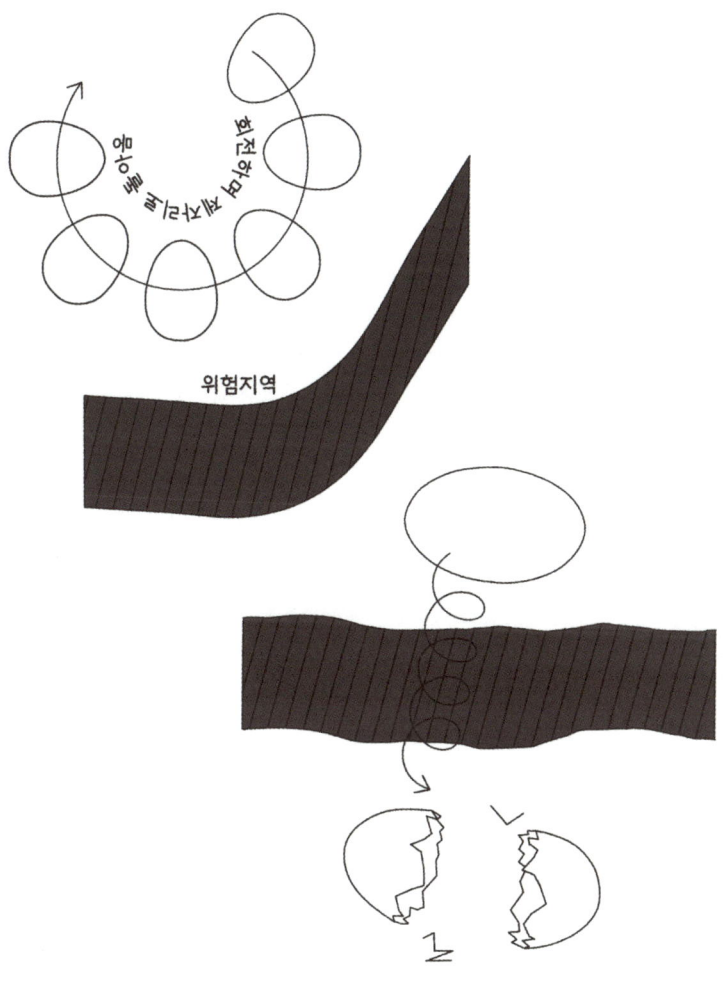

앞의 그림은 달걀이 대칭축이 정확히 2개인 타원이라면 일어날 수 있는 일의 모습을 보여주고 있다.

이런 수학적 생존은 닭이 만든 것일까? 아니면 알이 만든 것일까? 닭은 또 한 차례의 의문을 낳는다. 달걀이 먼저냐? 닭이 먼저냐?

속삭이는 갤러리 방에서는
비밀을 말하지 마라

속삭이는 갤러리라고 불리는 방이 있다. 그곳은 과거 미국의 하원 의사당으로 쓰인 의사당 건물에 있는 방이다.

이곳에 대한 이야기가 알려진 계기는 하원 의원 존 퀸시 애덤스가 자신의 책상을 타원의 한 초점에 둘 경우 다른 초점 위치에 있는 다른 의원들이 비밀스럽게 속삭이는 것을 들을 수 있다는 것을 알게 된 것이다.

이것이 바로 갤러리 효과로 알려지게 되었고 타원이라는 기하학에서 응용된 것이다. 타원의 성질을 잘 알고 있으면 왜 이런 현상이 일어나는지 알 수 있다.

타원은 두 고정점에서 거리의 합이 일정한 점들의 자취. 이때 두 고정점을 타원의 초점이라고 부른다. 물론 초점은 불러도 대답은 하지 않는다. 좀 썰렁한 농담인가.

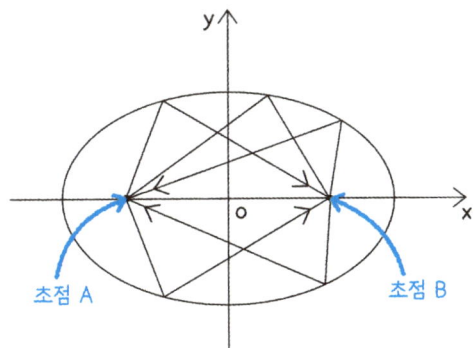

앞의 그림에서 보듯이 한 초점에서 출발한 소리가 타원의 면에 부딪치면서 다른 초점으로 향하게 된다. 타원의 공간에서 이것을 실험해 보면 이것이 신기하지만 재미난 사실임을 알 수 있다.

이런 타원의 갤러리 효과로 유명한 장소로는 런던의 세인트폴대성당인데 '속삭이는 회랑whispering gallery'이라는 신비의 장소로 유명하다.

먼 거리에서 작은 소리로 이야기한 것도 잘 들을 수 있고 특히 속삭이는 소리가 건너편 회랑에서는 더 잘 들린다.

빛이나 소리와 같은 파동은 장애물에 부딪치면 반사된다. 자연 상태에서 소리는 멀리서 들으면 작게 들린다. 당연한 그 이유는 소리가 모든 방향으로 전달되면서 세기가 약해지기 때문이다. 그러나 가운데가 뚫린 파이프에 대고 말을 하면 멀리서도 잘 들리는데 이것은 소리가 퍼지지 않고 파이프 안에서만 전달되기 때문이다.

이처럼 타원 모양의 벽으로 이루어진 방에서는 타원의 초점에 해당하는 곳에서 소리를 낼 경우 이 소리가 일단 사방으로 퍼져 나가지만 타원 모양의 벽에 도달할 때는 모두 건너편 초점에 해당하는 위치로 다시 모이게 된다. 그래서 타원의 한 초점에서 낸 소리는 건너편 초점에서 아주 또렷이 들리는 것이다. 이런 현상을 속삭이는 회랑 효과라고도 부른다.

이런 신기한 현상의 비결은 타원형으로 생긴 천장과 또 모든 타원에는 2개의 '초점'이라는 것을 지니고 있음이다.

타원의 방정식은 아래와 같다.

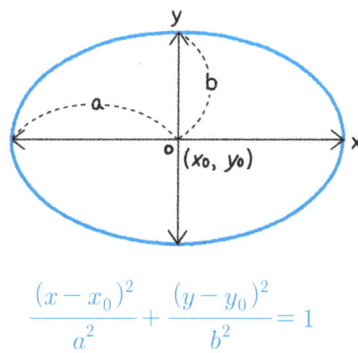

$$\frac{(x-x_0)^2}{a^2} + \frac{(y-y_0)^2}{b^2} = 1$$

누구나 이름을 가지듯이 타원 역시 이름이 있다. 수학이 싫더라도 이런 신기한 타원의 이름은 알아두는 것이 예의인 듯해서 써두었다. 타원의 식이 1과 같다니.

두 기둥에 들어가는
시멘트의 양은 같을까?

다음과 같은 2개의 기둥을 만들려고 하는데 두 기둥에 들어가는 시멘트의 양이 같은지 다른지가 궁금하다. 높이는 같고 단면의 넓이 역시 같다.

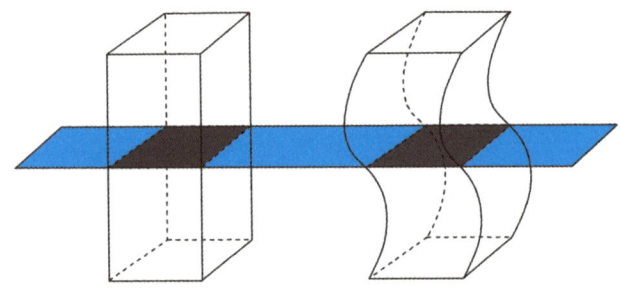

왼쪽 사각기둥과 오른쪽의 휘어진 기둥인데 부피는 같을까? 아니면 휘어진 기둥의 부피가 약간 더 클까?

얼핏 보면 오른쪽의 휘어진 기둥이 반듯해지도록 위로 잡아당겨 늘리면 왼쪽에 있는 사각기둥보다 높아지기 때문에 오른쪽 기둥의 부피가 더 클 것 같이 보인다.

그러나 각 높이에서 단면의 넓이가 같고 이 단면을 쌓아서 기둥이 만들어지므로 두 기둥의 부피는 같아진다.

수학자 카발리에리가 제시한 카발리에리의 원리를 가지고 이것을 증명해 보도록 하자.

카발리에리의 원리는 평면도형과 입체도형에 대한 다음의 두 가지가 있다.

1. 한 쌍의 평행한 직선 사이에 두 평면도형이 있고, 이 직선과 평행한 임의의 직선에 의해 잘린 두 평면도형의 선분의 길이의 비가 항상 m : n이면 두 평면도형의 넓이의 비도 m : n이다.

2. 한 쌍의 평행한 평면 사이에 두 입체도형이 있고, 이 평면과 평행한 임의의 평면에 의해 잘린 두 입체도형의 단면의 넓이의 비가 항상 m : n이면 두 입체도형의 부피의 비는 m : n이다.

입체도형에 대한 카발리에리의 원리에 따르면, 밑면에 평행한 임의의 평면에 의해 잘린 두 단면의 넓이의 비가 항상 1 : 1이므로 그림에 있는 두 기둥의 부피는 같다.

이해가 잘되지 않는 사람은 프링글스라는 과자를 가지고 이리 저리 옮기면서 쌓아보면 알 수 있을 것이다. 프링글스를 옮긴다고 해서 부피가 변하지 않으니까.

바닥에 타일을 끼는 데도
수학 한 모금이

피타고라스는 어느 사원의 바닥에 깔린 타일의 모양을 보고 피타고라스의 정리를 증명하였다고 한다.

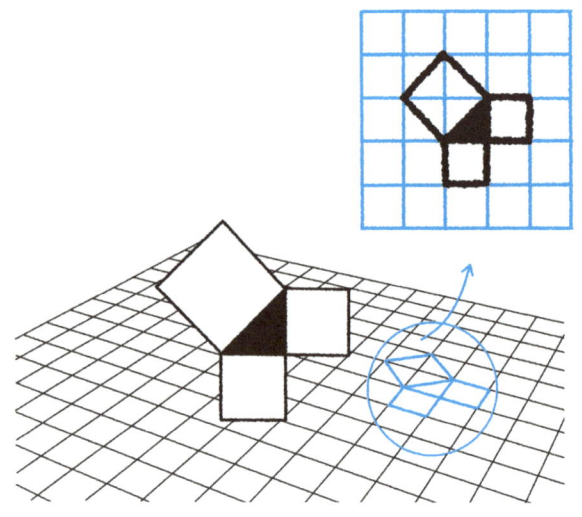

길을 걸을 때 쉽게 볼 수 있는 보도블록이나 집 마룻바닥과 벽지, 건물의 벽면에 단순한 무늬가 반복적으로 평면을 채운 경우가 종종 있다. 이를 '테셀레이션' 또는 '타일링'이라고 부르며, 한국어로는 '쪽매맞춤'이라고 부른다.

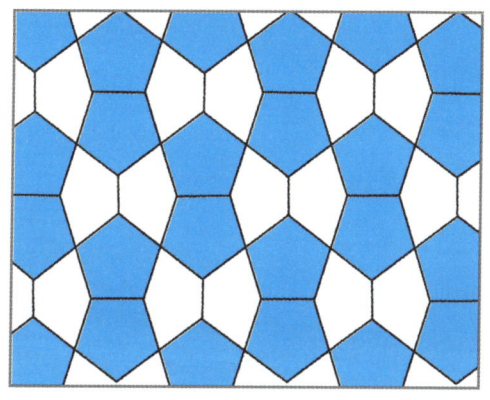

평면이나 공간을 도형으로 빈틈없이 채우는 것을
테셀레이션(tessellation) 또는 타일링으로 부른다.

테셀레이션은 기본도형을 적당히 평행이동, 회전이동, 대칭이동
하여 단위개체를 만들고 이를 나열하여 완성한다. 여러 가지 종류
가 있는데 그 가운데 몇 가지를 알아보자.

한 가지 정다각형으로 만드는 테셀레이션regular tessllation

한 꼭짓점에 모이는 정다각형의 내각의 합은 360°이어야 하므로
종류가 많지 않다. 360°를 넘으면 보도블록이 튀어나오겠지. 그래
서 정삼각형 6개, 정사각형 4개, 정육각형 3개가 모이는 테셀레이
션이 있다.

여러 가지 정다각형으로 만드는 테셀레이션

두 가지 이상의 정다각형에 의하여 동일한 순서로 테셀레이션하

는 것을 아르키메데스 테셀레이션_{Archimedian tessllation} 또는 준정다 각형 테셀레이션_{semiregular tessllation}으로 부른다. 한 꼭짓점에 4각 형, 6각형, 12각형이 모인 것을 기호로 (4, 6, 12)로 적는다. 아르키 메데스 테셀레이션은 다음 조건을 만족한다.

정삼각형의 한 내각은 $60°$이므로 한 꼭짓점에는 6개 이하의 정다 각형만 올 수 있다. 한 꼭짓점을 2개 이상의 다각형이 둘러싸야 한다.

(a, b, c)의 꼴인 경우 식을 세워 보자.

$3 \leq a \leq b \leq c$에서 역수를 취해 보면

$\dfrac{1}{3} \geq \dfrac{1}{a} \geq \dfrac{1}{b} \geq \dfrac{1}{c}$로 부등호의 방향이 바뀐다.

정 a각형의 한 내각의 크기는

$$180° \times \frac{(a-2)}{a} = 180° \times \left(1 - \frac{2}{a}\right)$$

한 점에 모이는 내각의 크기를 모두 더하면 $360°$이다.

식으로 나타내면

$$180° \left(3 - \frac{2}{a} - \frac{2}{b} - \frac{2}{c}\right) = 360°$$

$$\frac{1}{2} = \frac{1}{a} + \frac{1}{b} + \frac{1}{c} \leq \frac{3}{a} \qquad \therefore 3 \leq a \leq 6$$

$a = 3, 4, 5, 6$일 때 부정방정식 $2(bc + ca + ab) = abc$

풀면 해가 나온다. 무시무시한 계산에는 너무 상심하지 마라. 컴 퓨터에게 시키면 되니까.

$(3, 12, 12)$, $(4, 6, 12)$, $(4, 8, 8)$

이렇게 얻어 낼 수 있다.

바닥을 장식하는 데 부정방정식과 부등식을 이용했지만 합동인 정사각형 모양의 타일을 변끼리 연이어서 두 가지 색을 번갈아 붙여 나가면 어떤 크기의 정사각형 부분을 보더라도 전체와 닮은 꼴이 되게 할 수 있다.

수학에서는 이와 같은 바닥 깔기를 'checkerboard tiling'이라고 하는데, 수학의 일차변환으로 그 원리를 설명하도록 하겠다.

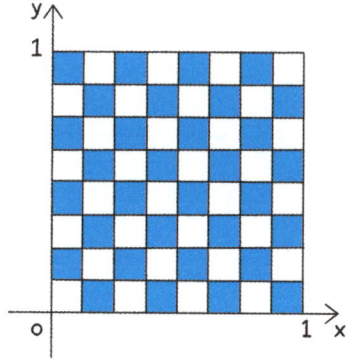

좌표평면에 녀석들을 올려놓으면 수식화하기 훨씬 수월하다. 수학자 데카르트의 업적이다.

위의 그림과 같이 한 변의 길이가 1인 정사각형을 가로와 세로를 각각 8등분하여 체스판을 만드는 것을 일차변환으로 나타낼 수 있다.

$$\begin{pmatrix} x' \\ y' \end{pmatrix} = \begin{pmatrix} \dfrac{1}{8} & 0 \\ 0 & \dfrac{1}{8} \end{pmatrix} \begin{pmatrix} x \\ y \end{pmatrix}$$

원래의 정사각형을 $\dfrac{1}{8}$로 축소하는 닮음변환이 가능해진다. 돌리고 옮기고 늘리고 줄이는 것은 행렬이 일가견이 있다.

아래 그림 2개는 행렬 $\begin{pmatrix} 1 & 2 \\ -1 & 1 \end{pmatrix}$과 $\begin{pmatrix} 2 & -2 \\ 2 & 0 \end{pmatrix}$을 이용하여 일차변환과 평행이동을 컴퓨터를 시켜서 수천 번 반복하여 바닥 깔기를 한 것이다. 우리에게 시켰다면 아마도 달아났을 것이다.

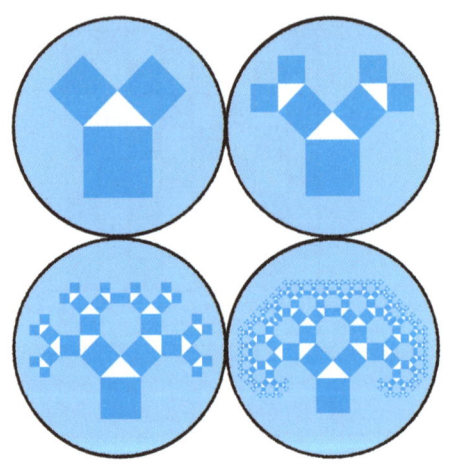

컴퓨터그래픽의 놀이터,
공간좌표

컴퓨터를 통해 얼굴을 인식하거나 변형을 시키는 것을 보면 뭔가 대단한 작업처럼 보인다.

이에 관한 일화 하나를 소개한다.

슈퍼 선데이라 불리는 1월의 마지막 일요일, 범인은 프로미식축구의 챔피언을 가리는 레이몬드 제임스 스타디움으로 향했다. 경찰에 쫓기는 처지라 망설이긴 했지만, 1년이나 기다려온 슈퍼볼 결승전을 놓치긴 싫었다. 그래서 범인은 30만 명의 관중이 모이는 경기장에서 경찰이 일일이 검문을 할 순 없을 거라고 생각했다. 그러나 그건 범인의 착각이었다. 관람석에 앉아 경기를 보던 범인은 자신의 자리로 찾아온 경찰에게 체포되고 말았다.

영화의 한 장면 같은 이 일은 지난 2001년 미국 슈퍼볼 결승전이 열린 경기장에서 있었던 실제 상황이다. 도대체 어떻게 된 일일까. 범인은 경기장 곳곳에 설치된 카메라에 자신도 모르는 사이 얼굴이 노출되었다.

카메라에 잡힌 범인의 얼굴은 곧바로 얼굴 인식시스템에 내장된 3,000명의 지명수배자 DB를 통해 대조를 거쳐 본인임이 확인된 것이다. 그날 슈퍼볼 경기장에서 범인처럼 체포된 지명수배자는 무려 19명이었다.

얼굴 인식기술은 사람마다 고유한 지문이 있는 것처럼 각기 다른 용모를 활용하는 생체인식기술 중의 한 분야이다. 개인의 얼굴을 수학식으로 변환해 사람의 지문처럼 한 사람당 유일한 표식으로 만들기 때문에 수많은 군중 속에서도 지명수배자를 가려낼 수 있을 만큼 정확도가 높은 것이 이 기술의 특징이다.

얼굴 인식을 하기 위해서는 세계인의 얼굴 평균을 추출하여 만든 알고리즘이 필요하다. 그런 작업을 하기 위해 사람의 얼굴 중 눈썹에서부터 입술 바로 밑까지를 바둑판처럼 수많은 칸으로 나누어야 한다. 만일 그 부분을 200칸으로 나누었다고 하면, 1번 칸에서부터 200번 칸까지를 각각의 고유한 수치로 바꾸는 것이 이 기술의 핵심.

이렇게 칸을 나누는 공간 역시 수학의 공간좌표라는 곳으로 옮겨서 수학은 생각하게 되어 있다.

공간좌표

공간좌표란 공간의 한 점을 기준으로 서로 직교 하는 3개의 좌표축(가로 x축, 세로 y축, 높이 z축)이 있는 좌표계를 말한다. 공간도형인 구, 육면체, 원뿔 등을 공간좌표에 나타낼 수 있다.

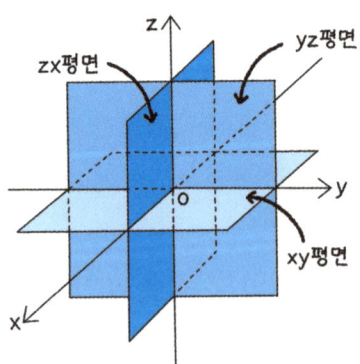

이런 입체를 다룰 수 있는 공간좌표에 도형을 올려놓는 대신 사람의 얼굴을 올려서 인식하게 된다. 이와 같은 공간좌표는 컴퓨터 그래픽 기술의 개발은 물론이고 로봇의 인공지능 연구, 3D 스캐너와 같은 기기 개발에 가장 기본적으로 이용된다.

일기예보에서 벡터의 활약

"벡터"라는 용어를 보면, 크기와 방향을 모두 가지는 어떤 양으로 정의된다.

일반적으로 벡터는 화살표로 표현한다. 화살표가 가리키는 쪽은 방향을 나타내며 화살표의 길이는 크기를 나타낸다.

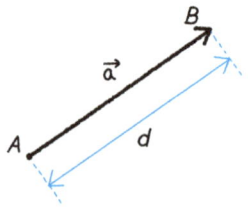

벡터가 활약하는 곳은 많지만 일단은 태풍의 진로를 그려 놓은 기상도에서 벡터를 찾을 수 있다. 기상도를 보면 시간대별로 태풍의 중심이 움직인 방향과 거리를 알 수 있다.

이와 같이 물체의 운동 속도나 물체에 작용하는 힘 등은 그것의 크기뿐만 아니라 방향도 가지고 있다. 이렇게 크기와 방향을 함께 가진 양을 벡터라고 한다.

우리가 사용하는 대부분의 물리적인 양은 벡터로서 실생활에 다양하게 응용되고 있다.

지구의 둘레를 비행하고 있는 인공위성의 제어, 하늘을 나는 헬리콥터의 조종 원리, 바람이나 해류가 움직이는 형태 등의 연구에서 벡터 이론은 매우 중요한 도구로 활약을 한다.

그림을 보면서 벡터의 활약을 좀 보자.

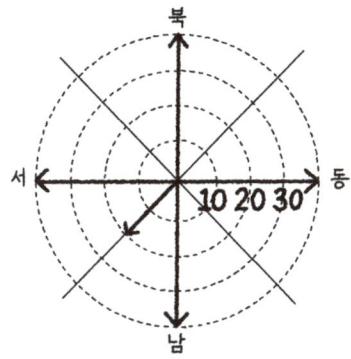

위 그림에서 화살표는 바람의 상태가 '초속 20 m의 남서풍'인 것을 나타낸 것이다. 단, 동심원의 반지름의 길이는 10 m씩 늘어난다.

이때 남서풍이란 남서쪽에서 불어오는 바람을 말한다.

이런 식으로 표현하면 '초속 30 m의 북서풍'인 것을 화살표로 나타낼 수 있다.

비가 올 때 우산을 앞으로 숙이는 이유에도 벡터가 숨어 있다.

비가 올 때, 우산을 쓰고 걸어가는 사람의 속도를 $\vec{a}$, 비의 속도를 $\vec{b}$라고 하면 사람에게 실제로 떨어지는 비의 속도는 $\vec{b} - \vec{a}$가 된다.

따라서 빗방울이 똑바로 떨어지고 있더라도 걸어가고 있는 사람이 비를 적게 맞기 위해서는 우산을 비스듬히 기울여야 한다. 이것을 벡터는 식으로 보여 줄 수 있다.

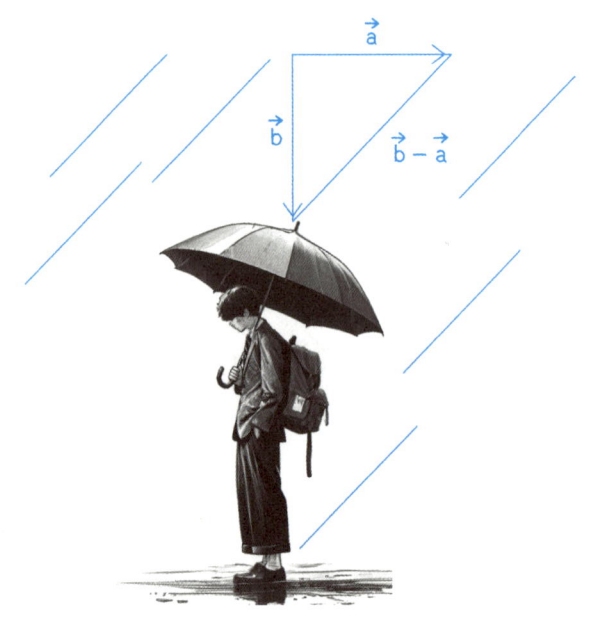

자연이 벡터를 표현한 것인지 벡터가 자연을 표현한 것인지는 잘 모르겠다. 하여튼 일상 모두가 수학이라고 보면 좋겠다.

왜냐하면 우리가 접하는 일상에는 대부분이 물리적인 성질인 크기와 방향을 가진다. 그래서 벡터의 개념으로 그 원리와 성질을 설명할 수 있는 것이다.

시원한 바람의 영향을 받는 돛을 단 요트와 비행기의 조종에서는 벡터합성의 원리를 잘 이해하고 있어야 한다.

벡터의 합성

두 벡터의 합을 벡터합성 또는 합성벡터라고 한다. 한 점을 시점으로 하는 두 벡터 A, B가 서로 다른 방향으로 힘이 작용할 때 두 벡터의 합으로 인해 새롭게 만들어진 벡터 C가 만들어지는 것이다.

돛을 단 소형 요트가 원하는 방향과 속력으로 진행하도록 조종하려면 바람의 방향에 따라 돛의 방향과 사람의 위치를 잘 정해야 한다.

이때 요트, 바람, 돛의 세 가지 요소에 대한 방향과 크기 사이의 관계는 벡터의 합성과 관련된다.

또한 물의 저항과 부력도 요트의 조정에 영향을 끼치는 벡터이다.

벡터를 이용하면 바람의 방향과 돛의 각도에 따라 요트의 방향이 변하는 관계를 알 수 있다.

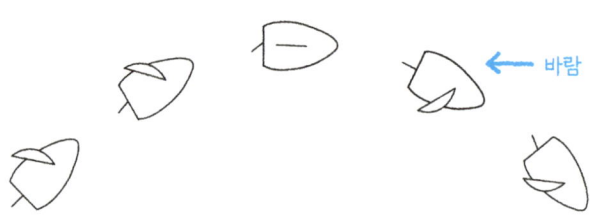

또, 비행기에서 생각해보면 날기 위한 양력에 비행기의 추진력과 공기의 흐름 및 중력이 세 가지 벡터 성분의 합성으로 밀고 당기게 된다.

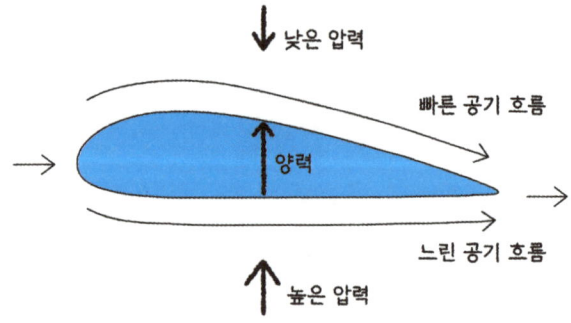

야구라는 스포츠에서 멋진 벡터의 모습이 있다.

유격수가 러닝 스로를 하는 장면이 바로 벡터이다. 전진하는 유격수의 속력과 1루에 던지는 공의 속력과 방향에는 수학적인 관계가 있다.

전진하는 유격수가 공을 던질 때는 속력이 빠르면 빠를수록 더 왼쪽으로 던져야 한다. 이것이 바로 벡터합성의 원리다.

공이 날아가는 방향이 정해져 있으므로 던질 때의 방향을 조절하지 않으면 폭투가 된다.

농구나 축구에서도 이와 유사한 장면들은 흔히 일어난다. 장면을 볼 때마다 벡터!라고 외쳐 보자.

비누막은 알고 있었다,
가장 경제적인 도로 건설을

도로를 만드는 데는 항상 경제적 비용이 들어가게 되어 있다. 그래서 어떻게 최소 비용으로 도로를 내는지는 상당히 중요한 요소가 된다.

예를 들어 보자. 만약 정사각형의 꼭짓점에 위치한 4개의 지점을 연결하는 도로를 만든다고 하면 어떻게 연결하면 가장 짧은 도로를 만들면서 비용을 줄일 수 있을까?

우선 세 가지 도로를 보면서 생각을 해 보자.

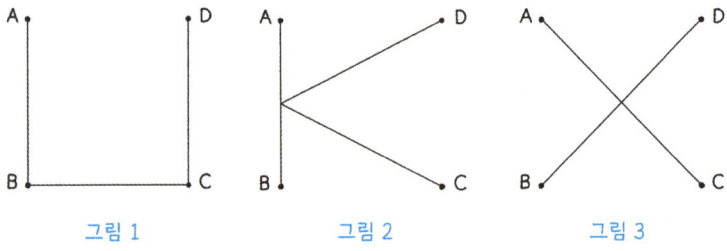

단순화시켜서 두 점 사이의 거리를 1이라 하고 계산을 해 보도록 하자.

[그림 1]의 경우는 도로의 길이가 3이 될 것이다.

그래서 [그림 2]를 보면 계산해 보지 않아도 [그림 1]보다는 길어 보인다. 실제로 계산해 봐도 $1 + \sqrt{5}$로 3보다는 길다.

그다음 [그림 3]을 보면 대각선으로 길을 연결한 경우 $2\sqrt{2}$, 약 2.828로 이 셋 중에서는 가장 짧은 도로가 된다. 그렇다면 이 도로보다 더 짧게 연결한 도로를 찾을 수 있을까? 많은 사람이 도전했지만 번번이 실패하고 말았다.

그러다가 비누막은 항상 겉넓이가 최소가 된다는 것을 착안하여 다음과 같은 도로망을 발견한다.

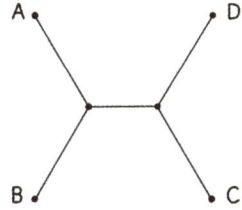

이렇게 해서 만들어진 도로망이 가장 짧은 길이를 가지게 된다.

이 도로망은 5개의 직선 도로가 각각 120°의 각도로 만나는 Y자형 교차로 2개를 이루는 형태이다. 실제로 도로의 길이를 계산해 보면 $1 + \sqrt{3} = 2.732$로 가장 짧은 도로임을 알 수 있지만 증명하는 것은 쉽지 않다. 비누막은 그 비밀을 알고 있을 것이다.

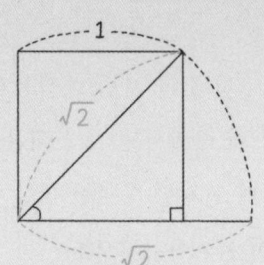

- 소주 1병은 왜 7잔일까?

- 피 한 방울을 바코드 찍어 암을 진단한다

- 인도 아라비아숫자가 없었으면 어쩔 뻔했니?

- 악마의 수 666은 빌 게이츠?

- 로봇과 인수분해

- 경복궁 근정전 속의 수학

- 한옥은 아파트와 다르게 수학을 좀 활용하고 있다

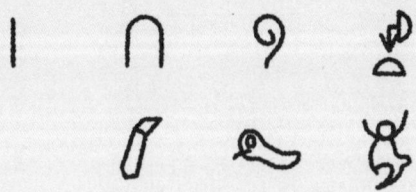

수와
연산이
왜 거기서
나와

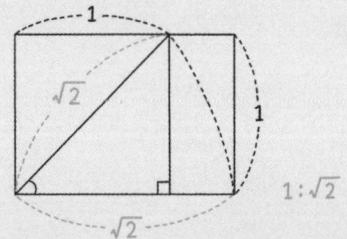

$1 : \sqrt{2}$

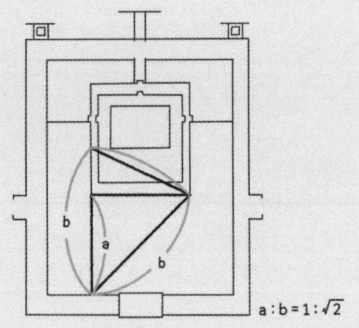

$a : b = 1 : \sqrt{2}$

소주 1병은 왜 7잔일까?

소주 속 소수

내가 어릴 적에 경험한 소수의 체험담이다. 우리 아버지가 좋아하신 술은 소주였다. 친구분이 오셔도 어머니 눈치를 보면서 딱 한 병만 드신다면서 나에게 소주 한 병을 사오게 하셨다. 그 당시에는 아이들이 아버지 심부름으로 술을 사오곤 했다. 지금은 어림도 없지만.

그런데 그 한 병을 가지고 아버지와 친구분이 술을 드시면 꼭 한 병을 더 사오게 하셨다. 그 이유를 이제야 알 수 있었다. 왜 내가 심부름을 꼭 두 번씩 가게 되었는지.

소주를 소주잔에 따르면 두 분이 드실 때 공평하게 나누어지지 않게 되는 수였다.

나누어떨어지지 않는 못된 수, 소수였던 것이다.

소주는 소주잔에 가득 따랐을 때 7잔이 나온다. 7은 소수다.

왜 하필 소수인 7잔일까? 2명이서 소주를 마시면 한 잔씩 주고받으면 한 잔이 남게 된다. 그렇게 되면 사람들은 소주를 한 병 더 시키게 된다. 그런데 신기하게도 3명일 때도, 4명일 때도 딱 떨어지지 않아 한 병을 더 시키는 경우가 생겨난다. 그 이유는 바로 7이 소수이기 때문이다. 7은 소수이므로 약수를 가지지 않는다. 1과 7을 제외하고는 어떤 수로도 나누어지지 않는다. 여기에는 소주 회사의 수학적 음모가 깔려 있는 셈이다. 소주가 6잔으로 딱 떨어진다면 2명이서도 소주 한 병을, 3명이서도 소주 한 병을 먹고도 딱 나누어떨어지게 되어 누가 한 잔을 덜 마시게 되는 경우는 없다. 그럼 예의상 한 병 더 시키는 경우는 드물게 된다. 그런데 소수의 잔 (7잔)을 만들어 놓으면 한 잔씩 꼭 모자라게 되니 예의상 당연히 한 병 더 시키게 되는 것이다.

이런 사실을 알게 된 주당들은 속았다는 기분에 또 소주 한 병을 더 시킬 것 같다.

하지만 소수는 자연 속에서도 꿈틀대고 있는 수거든. 인간의 잔꾀가 만든 수는 아니다.

그 옛날, 자연에는 두 종류의 매미가 있었다. 소수를 체득한 매미와 소수를 체득하지 못한 매미. 그들은 세월이 흐른 후, 마치 인류의 두 종족 사피엔스와 네안데르탈인 중 사피엔스만 살아남은 것과 같이 소수를 체득한 매미만 생존하게 된다. 왜 그런지 차차 알게 될 것이다.

일단 소수란 무엇인가부터 알아보고 살아남은 매미들의 이야기를 해 보자.

소수란?

어떤 자연수가 1과 자기 자신만의 약수를 가질 때 소수라고 부른다.

단, 1은 소수가 아니다.

예를 들어 2, 3, 5, 7, 11, 13…의 수는 1과 자기 자신의 수 외의 수로는 결단코 다른 수로는 나누어지지 않는다.

많은 수학자들이 이런 소수를 신기하게 생각하며 연구에 몰입했는데, 과연 소수의 끝은 있는가? 수의 바다에서 소수가 생기는 규칙성이 존재하는가를 두고 아직도 결론을 못 내고 있다.

하지만 매미는 그런 수학자의 고민과는 상관없이 자신의 생존을 위해 본능적으로 소수를 활용하고 있다.

매미와 소수

매미는 엄청난 식성으로 농작물에 피해를 준다. 어디 그뿐인가. 그들의 소음은 또 어떤가.

이런 매미들의 출현에는 어떠한 주기를 가지는데 그 주기가 바로 소수의 규칙성을 지닌다. 매미에는 여러 종류가 있다.

어떤 매미는 17년 주기로 나타나는 녀석이 있는가 하면 어떤 녀석은 13년 주기로 등장한다. 또 어떤 녀석은 7년 주기로 등장을 하는 녀석이 있다. 7, 13, 17 모두 소수다.

　매미의 등장 주기가 소수인 것은 우연의 일치일까? 결코 우연이 아니다. 앞에서 말했듯이 매미는 본능적으로 수학 DNA를 가지고 있다.

　자, 이쯤 되면 왜 매미가 자신의 등장 시기를 소수에 맞추었는지 알아보아야 할 것이다. 매미가 소수에 맞춘 것은 살기 위한 몸부림. 그래야만 자신을 노리는 포식자로부터 살아남을 수 있다고 한다.

　이제 본론으로 들어가서 매미가 소수를 선택한 이유를 알아보자. 생존의 수학을 증명한다.

　만약, 매미가 소수를 선택하지 않고 12년 주기로 등장한다고 하고 그의 천적들은 2년 주기로 등장한다고 가정하자.

　12라는 수와 2라는 수를 보면 12는 2의 배수이고 2의 배수인 4의 배수의 배수로 2, 4, 6, 8, 10, 12 등이 겹쳐지면 매미의 등장 주기에 맞추어 포식자들이 매번 등장하면서 매미 만찬을 즐기게 된다.

　그렇게 되면 12년 주기로 등장하는 매미 종은 아마도 살아남지 못하고 멸종하게 될 것이다.

　그래서 현명한 매미들이 자신의 출현 시기를 17년으로 맞추었다. 그렇게 되면 2년마다 나타나는 포식자와 매미가 만나게 될 경우는 17년의 2배가 되는 34년 뒤에나 가능하게 된다. 17은 2의 배수가 아니고 17년의 2배가 되는 34년 뒤에나 포식자들을 마주치게 되는 매미는 포식자들로부터 생존을 유지할 수 있게 되는 것이다. 만약 포식자가 3년마다 출현한다고 해도 매미의 소수 기술은 51년 후에나 포식자와 접하게 만들어 준다.

매미가 포식자들로부터 전멸되지 않은 이유에는 그들의 몸속 수학 DNA가 소수라는 수학의 매커니즘mechanism을 선택했기 때문이다.

암호 속 소수

한편 인간들도 자신의 재산을 보호하기 위해 소수를 선택했다. 이 또한 무슨 소리인가. 우리가 은행에 돈을 맡기면 비밀번호를 설정해서 우리 계좌의 돈을 지킨다. 은행은 우리의 돈들을 좀 더 안전하게 지켜주기 위해 비밀번호를 일반 수로는 설정하지 않는다.

일반 수로 설정해 두면 해커들이 쉽게 뚫어 버리기 때문이다. 그래서 은행들은 보안키에 필요한 수로 소수를 선택한다.

그런데 그 소수들은 우리가 생각하는 2, 3, 5, 7, 11… 같은 단위가 작은 소수들이 아니다.

2,1,474,836,472,305,843,009,213,693,951처럼 엄청나게 큰 소수로 비밀번호를 만들면 거의 뚫기가 힘들어진다.

암호기술이 어떻게 발전되어 왔는지 간단하게 알아보자.

컴퓨터 과학자들은 소인수분해 방식prime number factorisation을 이용하여 암호를 만들었고, 이름을 RSA Cryptography System으로 바꾸었는데, RSA는 3명의 과학자의 성을 딴 것이다. RSA 암호화 시스템은 소수를 이용한 암호기술로 널리 보급되게 된다. 암호로 수학의 소수가 인정을 받는 순간이다.

소수들은 무한히 많지만 소수라는 공통점을 제외하고는 어떤 일반적인 패턴도 따르지 않는 독특한 녀석이다. 결국 소수가 수들 중에서 출현하는 규칙이 없는 관계(짝수나 홀수는 번갈아서 나타나는 특성이 있다)로 암호를 만드는 데 적합한 셈이다. 길들일 수 없는 수이기 때문이다.

2개의 소수를 곱하면 당연히 처음에 곱했던 2개의 소수로 나누어지는 수를 얻게 된다. 예를 들어, 소수인 3과 소수인 11을 곱하면, 33을 얻게 되고, 이 33은 3과 11로 나누어질 수 있다.

2개의 소수를 곱하는 것은 아무것도 아니지만 거꾸로 두 소수를 찾아내는 것은 장난이 아니다. 이런 이유로 소인수분해 방식을 통해 은행에서는 암호를 만드는 것이다. 소수는 1과 자기 자신만 인수로 갖고 있어서 소인수분해가 안 된다.

일단 제법 큰 소수 $11927 \times 20903 = 249310081$로 곱하는 것은 쉽다. 거꾸로 249310081이라는 이 수에서 곱해진 2개의 소수를 찾는다는 것은 여간 힘든 일이 아니다. 이런 강력한 요소는 암호기술인 RSA 방식의 기초가 되었다. 큰 숫자를 소수의 곱으로 분리하는 것은 세상에서 제일 강력한 컴퓨터로도 엄청나게 긴 시간을 필요로 한다. 그래서 재산을 보호해야 하는 기관에서 이 기술로 해커들의 공격을 막아내는 것이다. 현재까지 발견된 가장 큰 소수가 895,932자리에 이른다는 점을 생각해보면 소수는 해커들의 공격을 막기 위한 최상의 시스템이다.

학창 시절 아무 생각 없이 배웠던 소수가 사회의 일선에서 이렇게 활약하게 되는지 모르는 사람도 꽤 있을 것이다.

이렇듯 수학은 때로는 음지에서 기특하게도 우리의 재산과 비밀을 지켜주고 있다. 그들은 음지에서 일하면서 양지를 받쳐주고 있는 것이다. 어디서 들은 듯한 이야기지만 수학은 실제로 그런 일들을 묵묵히 수행한다.

피 한 방울을 바코드 찍어
암을 진단한다

머지않은 미래에 피 한 방울에 바코드를 활용하면 암과 심장병을 10분 내에 판독하는 것이 가능하게 된다.

사실 주위를 둘러보면 바코드가 없는 제품이 없을 정도다. 아니 모두 다 있다고 해도 과언이 아니다.

바코드는 컴퓨터가 판독할 수 있도록 고안된 코드이다. 굵기가 다른 흑백 막대로 조합시켜 만든 코드로, 주로 제품의 포장지에 인쇄되어 있다. 이런 전통적인 형태의 바코드를 선형(1차원) 바코드라고 한다. 현재 제품 고유 번호를 나타내는 바코드가 대부분의 제품 포장지에 인쇄되어 계산대에서 널리 활용되고 있다.

바코드를 찍기만 했는데 계산을 해내는 것을 보면 신기하다.

바코드는 노만 조셉 우드랜드Norman Joseph Woodland라는 드렉셀 대학교 출신의 미국 발명가에 의해 1949년도에 개발되었다.

이름 그대로 막대기Bar로 된 부호code로서, 컴퓨터가 판독할 수 있도록 고안된 굵기가 다른 흑백 막대로 조합시켜 만든 코드다. 일반적으로 제품 포장지에 막대와 그 아래의 숫자로 이루어진 표시 방식이 바로 바코드.

제품에 정해진 코드를 부여함으로써 효율적인 상품 관리가 가능해지고, 그 가격도 싸기 때문에 많이 이용된다.

끔찍한 상황인지 모르지만 혀만 내밀면 나의 몸 상태를 말해 주는 날이 올지도 모르는 일이다. 사실 병을 발견하는 일은 달가운 일이 아니니까.

이제 바코드 속에 들어 있는 수학을 파헤쳐 보기로 하자.

이렇게 널리 퍼져 있는 바코드에 오류나 부정이 생긴다면 어떻게 할까? 물론 그런 것에 대한 안전장치는 수학이 전담하고 있다. 이름하여 바코드 체크 숫자다.

바코드에는 체크 숫자라는 안전장치가 있어 대부분의 오류를 방지할 수 있다. 그래서 멸치를 주문했는데 상어가 배달되는 경우는 거의 없다고 봐도 된다.

바코드는 물건의 가격을 찍는 기능도 있지만 그 상품에 대한 많은 정보를 가지고 있다. 그 정보를 담당하는 역할을 숫자가 하고 있다.

숫자의 위치에 따라 각각 다른 정보를 제공하는데 그 정보는 아래와 같은 위치이다.

참고로 우리나라는 제조 국가 번호가 880이다. 여기서 수학적 원

제조 국가	제조 업자	상품	체크 숫자

리는 마지막 숫자에 들어간다. 달랑 한 개의 숫자가 오류를 방지한다. 한 개의 숫자지만 흥미로운 방식으로 만들어져 있다.

바코드의 열세 자리 중 홀수 번째 자리에 있는 수들은 그대로 더하고, 짝수 번째 자리에 있는 수들은 더한 후 3을 곱하여 나온 합이 10의 배수가 되도록 특정한 수를 더한 수를 체크 숫자로 선택한다.

예를 들어, 4902430897358이라는 12자리의 바코드 수가 있다고 하면

(홀수 번째 자릿수의 합) + 3 × (짝수 번째 자릿수의 합) + 체크 숫자 ⇒ 10의 배수

자, 이제 위의 수가 진짜인지 아닌지 알아보자.

$(4+0+4+0+9+3) + 3 \times (9+2+3+8+7+5) + $ 체크 숫자 ⇒ 10의 배수

122 + 체크 숫자 ⇒ 10의 배수

122 다음의 10의 배수는 130이 되어야 하므로 체크 숫자는 8이 된다. 내가 산 어떤 상품의 바코드를 보면서 이런 사실을 확인했다.

신용카드나 주민등록번호 등도 맨 마지막 숫자는 체크 숫자이다. 약간의 방식의 차이는 있지만 공통점은 마지막 칸은 체크 숫자로 오류를 방지하도록 안전장치가 되어 있는 셈이다.

인터넷에서 아이디를 만들 때 엉터리 주민번호를 입력하면 대부분의 컴퓨터는 이 사실을 알아낸다. 체크 숫자가 맞는지 컴퓨터가 순식간에 계산해 내는 것이다.

수학적 과정의 힘은 이런 오류와 사기를 방지하는 힘을 지니고 있다.

수 자체도 암호로 사용되지만 계산의 방식에서도 오류를 찾아내는 수학적 힘이 있는 것이다.

바코드와 수학의 만남이 이런 일을 해내고 있다.

인도 아라비아숫자가 없었으면 어쩔 뻔했니?

수학자들은 말한다. 수의 역사는 인간의 보편적인 지성이 이루어 낸 무너지지 않는 바벨탑이라고.

만약 수가 없어진다면 어떤 일이 일어나는지 상상해 보도록 하자. 일단 간결성이 사라진다. 신촌까지 가는 버스가 600번이라고 치면 600번이라는 수를 쓸 수 없으므로 길게 글로 신촌까지 가는 버스라고 써야 한다. 그런데 600번이 신촌만 가는 것이 아닐 것이다.

그렇다면 우리는 600번 버스 옆면에 모든 정류장의 이름을 다 써야 할까? 차 옆면이 무슨 전단지처럼 빽빽한 글로 도배하게 될 것 같다.

그리고 차 사고도 엄청 일어날지도 모른다. 제한 속도 60 km 미만에서 어느 정도로 차들이 달려야 하는지도 측정하기도 힘들어지지만 단속 역시 가능하기 힘들다.

이처럼 아라비아 숫자는 간편성에서 어떠한 수나 문자도 따라올 수들이 없다.

인류의 종들이 다섯 종이 있다가 사피엔스와 네안데르탈인이라는 두 종류만 남았다가 결국 사피엔스 종만 남게 된 것처럼 숫자 역시 이집트 숫자, 로마와 중국 숫자 등이 생겨났었지만 아라비아숫자만 활성화되고 나머지는 지금도 있기는 하지만 그냥 그저 그런 상태로 명맥만 유지되고 있다.

그래도 궁금하니 각종 숫자를 살펴보자.

고대 이집트 숫자는 다음과 같이 재미난 모습이다.

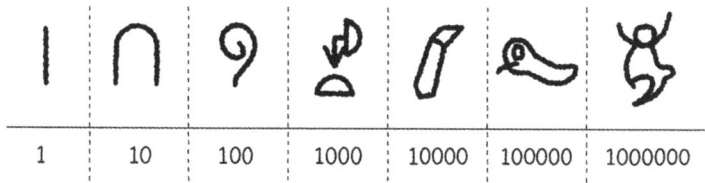

| 1 | 10 | 100 | 1000 | 10000 | 100000 | 1000000 |

아라비아숫자는 추상성이 생명이지만 고대 이집트 숫자는 상징성을 의미한다. 1,000이 상징하는 그림은 연꽃 모양이다. 그림 실력이 없으면 수를 나타낼 수도 없겠네.

10,000에 해당되는 그림은 무엇일까? 왜 그랬는지 모르겠지만 사람 손가락이다. 그 당시 손가락 하나로 만을 표시했나 보다.

100,000이 더 재밌다. 고대 이집트 숫자에서 100,000은 올챙이 그림이다. 개구리가 낳은 알이 부화되면서 올챙이가 버글버글하는 모습을 보고 그 당시 사람은 올챙이를 십만으로 하자고 정한 듯 보인다. 1,000,000도 엽기적이다. 백만은 사람이 무릎을 꿇고 놀라는 모습이다. 백만 관객 동원이 생각난다.

큰 수에 대한 사람들의 경외감을 표현했다고 한다. 그때 당시는 백만이라는 크기는 쉽게 볼 수 있는 그런 수가 아니었을 것이다. 인구가 지금처럼 많지 않았으니 백만이란 놀라운 광경일 수밖에 없지.

이집트 숫자에서 좀 더 발전하여 로마 숫자가 등장한다. 로마 숫자는 오늘날 몇몇 큰 벽시계 같은 곳에서 생존해 있다.

I (1), IV (4), V (5) , L (50), C (100), D (500), M (1,000)

로마 숫자의 불편한 점은 456을 나타내는 과정에서 알아챌 수 있다.

$$456 = CCCCLVI$$
$$456 = (4 \times 100) + 50 + (5+1)$$

이런 식으로 풀이해서 표기해야 하는 번거로움이 있다. 마치 십진법의 전개식과 유사한 모습이다.

이제 인도 아라비아숫자의 장점을 과감히 드러내 보이겠다. 456의 표현이 바로 그 장점이 묻어 있는데 맨 앞의 4라는 숫자는 400임을 뜻한다. 로마 숫자처럼 100이 4개라는 분리된 표현을 하지 않아도 된다. 숫자가 어디에 위치해 있는가에 따라 자릿값을 갖는 위치적 기수법의 편리함이다.

지금은 당연하게 쓰여서 인도 아라비아숫자의 고마움을 느끼지 못할 뿐이다.

악마의 수 666은
빌 게이츠?

666은 665보다 크고 667보다 작은 자연수이고, 합성수로 소인수분해하면 $2 \times 3^2 \times 37$이다.

666의 약수는 1, 2, 3, 6, 9, 18, 37, 74, 111, 222, 333, 666으로 총 12개이며, 진약수의 합은 816이므로 666은 과잉수다.

숫자 중 가장 다방면으로 연구된 것은 아마 666일 듯하다. 성경의 요한계시록에서 666이 '짐승의 수'로 지목된 뒤 이에 대해 많은 해석이 제기돼 왔다.

빌 게이츠가 666의 주인공이라는 해석도 있다. 컴퓨터는 영어 알파벳을 숫자로 바꿔 처리하는데, 'BILL GATES' 철자 하나하나를 컴퓨터식 숫자로 바꿔 더하면 663이 된다.

게다가 빌 게이츠는 게이츠 3세이므로 663에 3을 더하면 666이 된다.

그런데 여기서 재미난 사실이 하나 있다.

빌 게이츠 하면 생각나는 것이 컴퓨터다. 물론 빌 게이츠는 윈도우라는 소프트웨어를 만들었지만 사람들은 빌 게이츠를 컴퓨터의 왕으로 부른다.

그런 관점에서 연결해 보면 컴퓨터의 영어 조합 역시 666이라는 수가 생기는 약간 섬뜩함이 느껴진다. 확인해 보자.

A = 6, B = 12, ... Z = 156으로 입력하면

C O M P U T E R

$18 + 90 + 78 + 96 + 126 + 120 + 30 + 108 = 666$

위처럼 나타낸 기준은 컴퓨터에서 쓰이는 ASC II 코드를 십진수로 고쳐서 표현한 것이다.

이번에는 거꾸로 Z = 6, Y = 12, ... A = 126으로 하고 인터넷이라는 단어를 입력하면

I N T E R N E T

$108 + 78 + 42 + 132 + 54 + 78 + 132 + 42 = 666$

우연치고는 약간 더 무섭다.

로봇과 인수분해

수학의 많은 분야가 활용되고 있지만 인수분해가 활용되는 것은 좀 특이한 케이스이다.

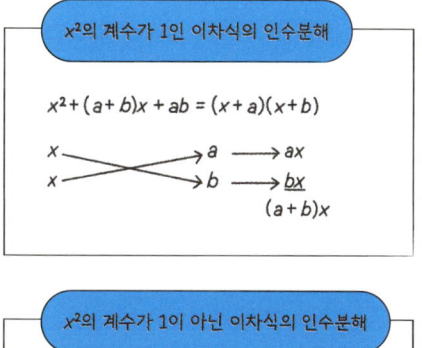

이것들이 우리 학창시절에 접했던 인수분해들이다.

이것이 로봇공학에 적용된다니 얼핏 생각해보면 매치가 잘되지 않는다. 로봇공학은 기계공학, 전자공학, 전기공학, 전산과학 및 인문학 등 다양한 분야의 학문이 결합된 종합학문이다.

로봇이 잘 작동하도록 하기 위해서는 '제어'라는 과정이 필요한데, 이 제어의 기본이 되는 학문이 수학이다.

로봇이 인간처럼 걸으려면 로봇의 움직임을 컨트롤할 수학적인 모델이 필요하다.

수학적 모델의 설계는 다음과 같은 s에 대한 나눗셈식이 필요하다.

$$\frac{b_1 s^m + b_2 s^{m-1} + \cdots b_{m+1}}{s^n + a_1 s^{n-1} + \cdots a_n}$$

이 식을 온전히 이해할 필요는 없다. 하지만 느낌상으로 s의 차수가 내려가면서 뭔가 미세한 움직임에 관여하는 식임을 엿볼 수 있다.

좀 더 식의 움직임을 관찰하기 위해 이 식의 분자, 분모를 각각 일차식들의 곱으로 인수분해 해보면

$$k\frac{(s-z_1)(s-z_2)\cdots(s-z_m)}{(s-p_1)(s-p_2)\cdots(s-p_n)}$$

인수분해의 힘은 차수를 낮추면서 좀 더 움직임을 상세히 들여다보는 힘을 지닌다.

여기서 p_1, p_2, $\cdots$, p_n은 분모를 0이 되게 하는 값이며 z_1, z_2, $\cdots$, z_m은 분자를 0이 되게 하는 값이다. 우리가 인수분해에서 일차식을 0으로 만들어 내면 구하고자 하는 값을 찾는 기능이 탑재된다.

로봇의 움직임을 관찰하기 위해 인수분해의 작동법인 0으로 만

드는 힘을 이용한 것이다.

인수분해 형태로 표현된 로봇 모델을 분수의 합의 꼴로 나타내면

$$\frac{C_1}{s-p_1} + \frac{C_2}{s-p_2} + \cdots + \frac{C_n}{s-p_n}$$

위처럼 간단해진 식을 통해 로봇의 움직임을 관찰하게 된다.

$p_1, p_2, \cdots, p_n$ 이 분모를 0으로 만드는 값이 바로 로봇의 실제 특성을 나타내는 대푯값으로 고유치라고 부른다.

고유치는 로봇의 응답속도, 안정성을 나타내는 지표로 쓰인다.

좀 더 섬세한 수학식을 세울수록 로봇의 성능을 높일 수 있는 도구가 되는 것이다.

이처럼 세부적인 상황을 점검하는 기술로 인수분해가 활용되는 것을 보았다.

경복궁 근정전 속의 수학

　우리나라의 문화재들은 홀수를 좋아한다. 그중 3을 진짜 좋아하는데 삼천리 금수강산에서 3이라는 수는 상징적 의미를 갖는다.

　경복궁의 주요 건물인 광화문, 홍례문, 근정문까지 모두 출입문이 3개씩 있다.

　이렇듯 3이라는 수를 좋아한다.

근정전

　이렇게 3이라는 수를 대놓고 좋아하는 경우도 있지만 숨겨진 3의 의미도 있다.

　일단은 3에 대한 이야기는 사건의 복선처럼 잠시 접어두고 이제 금강비에 좀 알아보자. 우리나라 문화재의 아름다움을 제대로 이해하려면 아무래도 아름다움의 비율인 금강비를 지나칠 수가 없다.

　서양에 황금비가 있다면 우리나라에는 금강비가 있다.

황금 비율이란? 황금 수, 황금 분할 또는 황금 비율은 두 수 사이의 비율로, 근삿값이 약 1.618이다.

그에 반해 금강비는 동양인의 신체에 비례해서 좀 짧은 비율이다.

금강비

금강비는 경주 석굴암 등에서 볼 수 있는 $1 : \sqrt{2}(1.414...)$의 비율이다.

금강산처럼 아름다운 비율이라고 해서 지어진 듯하다.

이런 제반 지식을 가지고 자리를 옮겨 근정전으로 가보자.

세자를 책봉하거나 중전을 맞이하는 경복궁의 대표적인 장소 근정전에서 우리는 금강비와 숨어 있는 3을 찾아낼 것이다.

잠깐, 뜸을 들이려고 그러는 것이 아니다. 좀 더 재미난 맛을 느끼기 위해 그림으로 $1 : \sqrt{2}$의 금강비에 좀 더 알아보자.

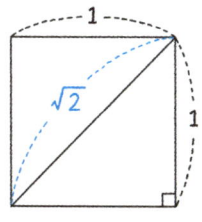

가로 1, 세로 1인 정사각형의 대각선의 길이는 언제나 $\sqrt{2}$가 된다. 피타고라스의 정리를 배운 학생이라면 잘 알 것이다.

이 $\sqrt{2}$를 잘 다루면 금강비를 다룰 수 있게 된다.

어떻게 다룰 것이냐면 마치 컴퍼스로 반지름을 그리듯이 $\sqrt{2}$를 회전하는 방법을 사용한다.

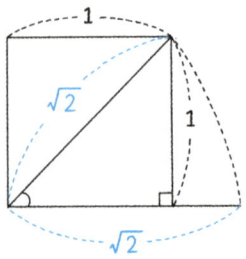

이제 금강비가 나와 있는 직사각형을 보면

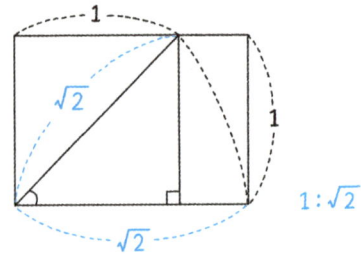

이 정도 사전 지식이 준비되었다면 이제 근정전으로 가서 숨겨진 수학의 비밀을 알아보도록 하자.

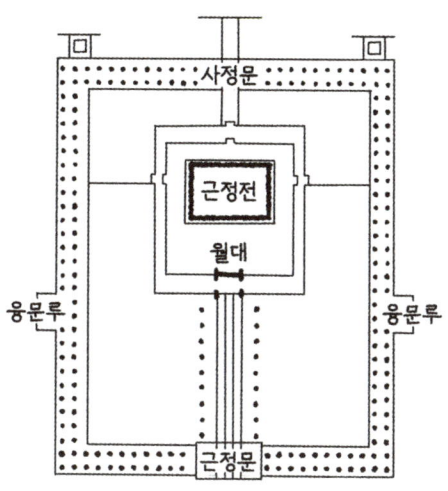

근정전의 공간 배치도

자, 이 그림에서 우리가 배운 금강비 작도법을 써먹어 보자. 우리 조상들도 이것을 이렇게 이용했으리라.

조상님 섬기는 마음으로 해 보자.

여기서 끝이 아니다. 이런 금강비가 근정전 안에서 3군데가 나온다. 다시 그림을 보자.

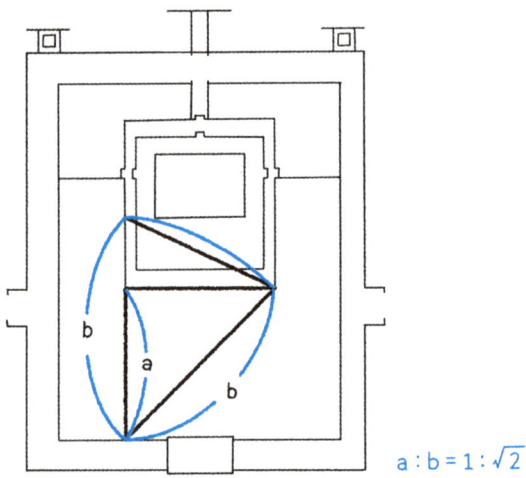

$a : b = 1 : \sqrt{2}$

경복궁의 근정전에 가게 되면 이것을 한번 찾아보는 것도 의미 있는 일이 될 것이다.

한옥은 아파트와 다르게
수학을 좀 활용하고 있다

우리나라 전통 가옥인 한옥은 지붕이 있다. 다른 나라의 집도 지붕이 있지만 우리나라 한옥만큼 큰 지붕을 가지고 있지는 않다.

왜 그럴까. 우리나라는 사계절이 뚜렷한 기후 조건을 가진 나라이기 때문이다.

이런 날씨로 인해 여름에는 햇빛을 막아내야 하고 장마철에는 비가 쉽게 들어와서도 안 되고 겨울에는 또 반대로 햇볕이 적당히 집 안으로 들어와야 한다.

이렇게 한옥의 지붕은 우산 역할도 하지만 이런 이유에는 한옥의 재료에 그 원인을 찾을 수도 있다.

나무와 흙으로 만든 집에는 이런 자연현상을 막아줄 수 있는 지붕이 필요한 것이다.

한옥의 처마

지붕에는 처마라는 것이 있는데 여기서 우리 선조들은 수학의 각 조절 능력을 여실히 발휘한다.

우리 조상님들은 태양이 가장 높은 하지와 가장 낮은 동지의 각을 잘 이용하여 다음과 같은 방식으로 처마의 위치를 조절하였다.

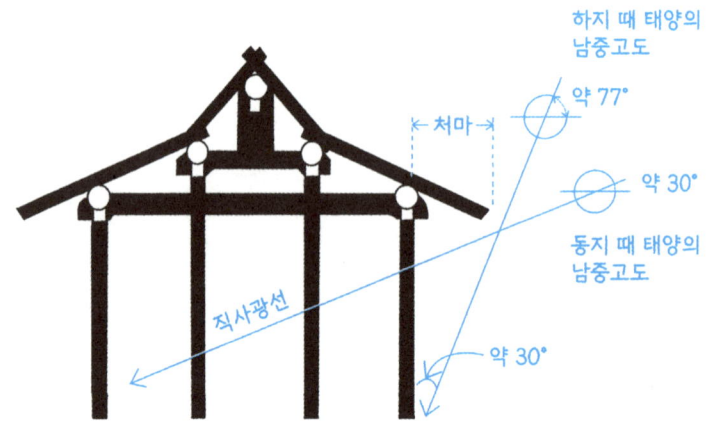

처마

직사광선

하지 때 태양의
남중고도

약 77°

약 30°

동지 때 태양의
남중고도

약 30°

남중고도:
천체가 정남쪽에 위치하여 가장 높아진 고도
남중고도가 높을수록 지표면이 받는 태양에너지가 많아진다.

각 조절의 대가들이다. 수학적 사고가 아니면 불가능했을 것이다.

원래 각이라는 것이 태양에서, 즉 원 모양에서 비롯되었다. 태양과 지구가 자전과 공전을 하면서 만들어 내는 것들을 우리 조상님들은 지혜롭게 처마에 대입시킨 것이다.

sin, cos, tan라는 삼각비 역시 모두 원에서 비롯되었음을 수학에 깊은 관심이 있는 학생들은 알고 있다. 우리 조상님들은 그런 용어를 쓰지 않았을 뿐 이런 사실을 체득하여 집 하나에도 수학을 녹여 냈던 것이다.

6장

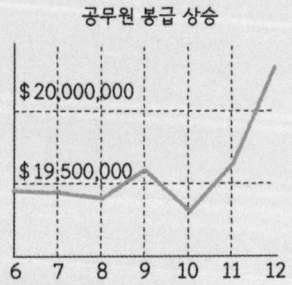

공무원 봉급 상승

조작하지
마라
확률과
통계

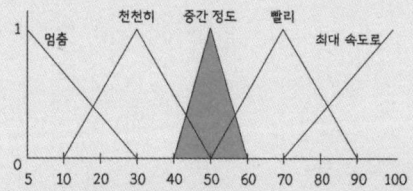

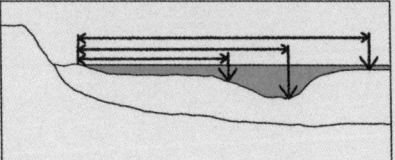

주의!
수심은 1m이지만 더 깊은 곳도 있음

왜 로또 당첨 확률이
13983816분의 1인가?

로또 6/45(Lotto 6/45, 로또 육사오)는 대한민국에서 발행하는 로또 복권이다. 기획재정부 산하 복권위원회가 지정한 수탁사업자인 동행복권에서 발행한다. 2002년 12월 2일부터 시작했다. 45개의 숫자 중 여섯 개를 고르고, 토요일 밤 추첨 결과와 일치하는 숫자의 개수에 따라 당첨금을 지급하는 방식이며, 나오는 숫자의 순서는 상관없이 번호만 맞으면 된다.

그런데 수학자들은 어떻게 로또 당첨 가능성이 13983816분의 1 이라는 것을 알아냈을까? 이런 쓸데없는 궁금점을 해소하는 시간을 가져 보자.

일단 당첨 가능성을 표현할 두 개의 수를 생각해 본다. 이 두 수를 n과 k라고 하자.(이때 n은 k보다 크다.)

k 원소의 집합으로부터 얼마나 많은 n 원소의 부분집합을 골라낼 수 있을까?

로또는 49개의 가능성 중에서 6개의 수를 고르는 것이므로 이 경우의 공식은 구체적인 수 n = 49, k = 6으로 세울 수 있다.

계산은 좀 다른 예를 들어 설명하기로 하자. 위의 수는 좀 어려우므로.

예를 들어 파티가 끝나고 20명이 돌아가면서 악수를 한다면 다음과 같이 식을 세울 수 있겠다.

n = 20, 악수는 2명씩 하니까 k = 2가 된다. 이런 식으로 조건을 두는 것은 확률의 식에 적용시키기 위함이다.

자, 드디어 돌아와서 이제 로또의 확률을 찾는 방법에 대한 공식으로 몰입한다.

수학에서 자주 쓰이는 모양새이다.

$$\binom{n}{k} = \frac{n \cdot (n-1) \cdots (n-k+1)}{1 \cdot 2 \cdots k}$$

k 위의 n이라고 읽으며 '이항계수'라고 부른다.

로또의 경우로 돌아와서 1부터 49까지 번호가 적힌 작은 공은 공 49개가 잘 섞여 있는 통에서 시작되니까 첫 번째 공은 49개의 경우의 수다. 두 번째는 48개, 세 번째는 47개….

이것을 전부 해보면 $49 \times 48 \times 47 \times 46 \times 45 \times 44$개의 경우의 수가 생긴다. 하지만 모든 사람이 다 다른 수를 반드시 뽑지는 않는다.

즉, 뽑은 6개의 수들이 돌아가면서 다르게 보이는 것은 빼내겠다는 뜻이다. 그래서 $6 \times 5 \times 4 \times 3 \times 2 \times 1$을 나누어 주어야 한다.

그 결과 13983816이라는 수를 찾아낸 것이다. 따라서 $\frac{1}{13983816}$이라는 확률의 결과를 가진다.

인간의 유전자 게놈을 밝히는 데
결국 수학이 한몫한다

생명공학에서 말하는 게놈Genome은 유전자gene와 염색체 chromosome를 합성한 것이다. 인간 유전체 프로젝트는 2003년까지 인간 게놈에 있는 약 32억 개의 뉴클레오타이드 염기쌍의 서열을 밝히는 것을 목적으로 한 프로젝트이다. 무려 32억 개를 밝히는 것이다. 무시무시하게 큰 수다.

또한 게놈 프로젝트는 약 10만 개로 추정되는 인간의 유전자를 구성하고 있는 4개 염기인 티민, 시토신, 아데닌, 구아닌 배열을 경우의 수와 순열을 이용하여 밝혀내어야 하는 과제이기도 하다.

경우의 수

경우의 수란, 어떤 사건이 일어날 수 있는 경우의 가짓수를

수로 표현한 것이다.

1회의 시행에서 일어날 수 있는 사건의 가짓수를 n이라고 할 때 이때의 경우의 수를 n이라고 한다. 경우의 수는 확률과 밀접한 관계를 가지는데 이는 각 사건이 일어날 확률들의 관계를 알 수 있다면 경우의 수를 통해 각 확률을 구할 수 있기 때문이다.

독립사건 A 또는 B가 일어나는 경우의 수를 구할 때는 합의 법칙이 이용된다.

예를 들어, 주사위 2개를 던져서 나온 눈의 수의 합이 7 또는 8인 경우의 수를 구하기 위해서는 두 독립사건 '주사위의 합이 7이 될 경우의 수'와 '주사위의 합이 8이 될 경우의 수'의 경우의 수를 합하면 된다.

반면에 독립사건 A와 B가 동시에 일어나는 경우의 수를 구할 때는 곱의 법칙이 이용된다.

한 예로, 주사위 3개를 동시에 던져서 나올 수 있는 모든 경우의 수는 세 독립사건 '주사위를 던져서 1~6 중 하나의 숫자가 나옴'의 경우의 수를 곱하여 구할 수 있다. → $6 \times 6 \times 6 = 216$(가지)

순열
서로 다른 n개의 원소에서 r개를 중복 없이 순서에 상관 있게 선택하는 혹은 나열하는 것을 순열permutation이라고 한다.

게놈 프로젝트에 필요한 수학의 부분은 확률이고 그중 경우의 수 부분을 이용한다. 인간 게놈 프로젝트는 우주에 비유될 만큼 방대한 프로젝트이면서 경우의 수를 다 따져 분석하기에 수학과 컴퓨터의 협업이 없으면 불가능한 일이다. 순열이란 수학은 변수가 늘어날수록 경우의 수는 기하급수적으로 늘어난다. 그래서 인간 게놈 프로젝트는 최근에야 완성할 수 있었던 것이다. 수학의 도움을 받아서.

게놈 프로젝트에 관련된 영화 하나를 소개한다.

인간의 아이와 신의 아이가 대결하는 것을 소재로 한 영화로 에단 호크와 우마 서먼 주연의 가타카GATTACA라는 SF 스릴러 영화가 있다. 인류가 유전자지도를 완성한 이후의 사회를 다루는 영화로, 제목 가타카는 구아닌(G)과 아데닌(A), 티민(T)과 시토신(C)으로 구성된 DNA의 염기코드를 의미한다. 영화 속의 미래 사회는 유전학적인 우성인자로 만들어진 '인간의 아이'와 부모의 사랑으로 생긴 '신의 아이'로 철저하게 구분되어 있다. 우성유전자를 지닌 맞춤형 인간은 사회의 상류층을 형성하며, 그냥 태어난 인간은 열성유전자를 내포할 수밖에 없는 신의 아이들로 사회의 밑바닥 계층을 형성하는 이른바 생물학적 유전자 계급사회를 그린 영화다.

이 시대에는 인간의 피부색에서 머리 색깔, 장기와 폐활량, 심지어 성격까지 '주문 생산'되고, 혈액 한 방울, 머리카락 한 올로도 인간의 모든 유전 정보와 개체 인식이 가능해진 시대이다. 부모의 사랑으로 태어난 빈센트에단 호크는 우주 항해사의 꿈을 갖고 있었지만 수많은 열성유전자를 가졌기 때문에 그 꿈을 이루기란 불가능한 일이었다. 그러나 빈센트는 유전자 암거래 시장을 통해 우성유전자를 가진 사람의 DNA를 사들여 우주항공회사 가타카에 취직하고, '신의 아이' 빈센트는 결국 자기의 꿈을 이루게 된다.

이 영화는 인간의 유전자지도 완성을 목표로 한 인간 게놈 프로젝트의 초기 단계에 제작되었지만 인간 게놈 프로젝트가 거의 완성 단계에 다다른 현재 많은 사람들은 머지않아 도래할 가타카의 세상에 대해 기대와 두려움을 갖게 될 것이다. 그러나 엄청난 계획인 인간 게놈 프로젝트가 과연 어떻게 시작되었고 얼마나 진행되었으며 어떤 방향으로 흘러갈 것인지에 대한 정확한 정보와 지식을 갖고 있다면 막연한 두려움보다는 생로병사의 비밀에 한 발짝 다가서면서 윤리적 사회적 문제도 해결해 나갈 수 있음을 희망할 수 있다.

이러한 미래 사회에도 수학은 반드시 한몫하리라 본다.

거리에서 원수 같은
두 사람이 만날 확률

두 사람이 거리의 어떤 장소에서 한판 하기 위해 11시와 12시 사이에 만나기로 했다. 누가 먼저 도착하든지 10분 동안만 기다리기로 한다. 이런 약속을 가끔 하는 친구들이 있다.

이런 약속을 했을 때 두 사람이 만나게 되는 확률에 대해 알아보도록 하자.

수학적 계산이 많이 등장하니까 조금 긴장할 필요는 있다. 두 사람이 약속 장소에 도착하는 시각을 각각 11시 x분, 11시 y분이라고 할 때, x가 가질 수 있는 값의 범위와 y가 가질 수 있는 값의 범위를 알아보면 둘 다 한 시간씩 가질 수 있으므로 식으로 정리하면 다음과 같다.

$$0 \leq x \leq 60, \ 0 \leq y \leq 60$$

시간을 분 단위로 계산하여 식으로 옮겨 본 것이다.

만약 먼저 도착한 사람이 11시 30분에 도착했다면 두 사람이 만나려면 다음 사람은 언제 도착해야 할까?

10분씩만 기다리기로 했으니까 다음 사람은 11시 20분부터 11시 40분까지 도착하면 된다.

두 사람이 만나기 위한 x, y 사이의 관계식을 수학을 이용하여 식으로 나타내 보자.

수학은 말을 길게 하지 않는다.

$$|x-y| \le 10$$

참, 간결하다.

x의 값에 따라 y의 값의 유동적인 움직임에 잘 대응하도록 만들어진 식이다. 이제 식들은 어느 정도 파악하였고 확률을 계산할 시간이 다가왔다.

첫발로는 x와 y가 가질 수 있는 범위를 좌표평면을 이용하여 그림으로 나타내겠다.

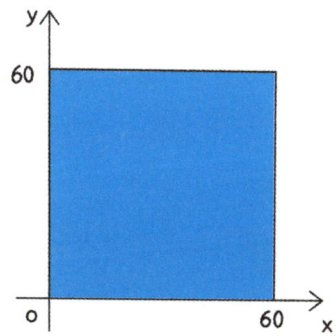

위 그림은 우리의 상황에서 가질 수 있는 전체 범위에 해당된다. 그들이 만날 수 있는 공간의 최대치라고 보면 된다.

두 번째로는 10분 동안만 기다린다는 상황을 좌표평면 위에 표현해 보면 다음과 같다.

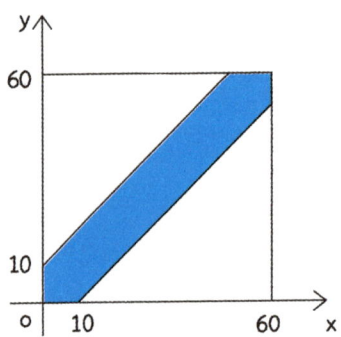

위 그림이 이해되지 않는 친구들은 $|x - y| \le 10$의 식을 $-10 \le x - y \le 10$으로 절댓값 기호를 풀어 두 식을 나누어 좌표평면에 그려 넣으면 위 그림의 모습을 확인할 수 있다.

자, 수학의 꽃인 계산의 시간이 왔다.

확률에서 분모를 차지하는 모든 경우의 수는 $60 \times 60 = 3600$이다.

다음으로는 10분간 기다리니까 그에 해당되는 넓이를 그림을 통해 구해 보면

$$3600 - 2 \cdot \frac{1}{2} \cdot 50 \cdot 50 = 1100$$

왼쪽 식의 이해를 돕기 위해 전체의 넓이에서 아래, 위에 흰 여백으로 생긴 삼각형의 넓이를 구해 빼내는 형식을 취한 것이다.

이렇게 구한 녀석들을 확률의 모습에 새겨 넣으면

$$(확률) = \frac{(구하고자\ 하는\ 경우)}{(모든\ 경우)}$$

그래서 답은 $\frac{1100}{3600} = \frac{11}{36}$ 이다.

10분씩만 기다리면 만날 확률은 $\frac{11}{36}$ 로 거의 $\frac{1}{3}$ 정도는 만나게 된다. 한판 뜬 결과 누가 이기게 될까에 대한 확률은 구하지 않겠다.

내 줄만 긴 이유

사람의 심리를 수학으로 파헤쳐 보는 시간을 가져 보자.

마트에서 줄을 서면 왜 내가 선 줄은 더디게 줄어드는 것일까?

아마도 세상 모든 사람들이 이런 경험을 다들 한두 번 해 보았을 것이다. 그러나 너무 억울해하지 마라. 왜 그런지 수학적으로 설명해 주리라.

예를 들어, 거의 비슷하게 사람들이 서 있는 줄이 5줄 있다고 치자. 그렇다면 우연히 가장 빠른 줄에 설 확률은 $\frac{1}{5}$이다. 즉 20퍼센트의 확률밖에 되지 않는다.

그러니까 내 줄이 빠르게 줄지 않을 확률은 80%라는 뜻이다. 그러니 당연히 그런 일이 일어날 수밖에 없지 않는가.

이런 것을 수학자들은 또 학문적으로 연구하기 시작했다. 줄서기 이론이라는 것이다.

줄서기 이론은 확률론의 한 연구 분야이다. 손님이 평균적으로 k초마다 한 명씩 들어온다고 할 때 이것을 k라 하자.

그리고 그 손님이 가게에 머무는 시간을 l초라 하면 그것을 또한 문자로 l이라 두자.

이런 두 조건으로 줄서기 이론을 만들 수 있다.

즉, 이 비율을 적용하면 마트의 계산대를 몇 대 운영할지를 알아낼 수 있다.

k가 크면 손님이 많이 들어오는 것이고 반대면 적게 들어오는 것이다. 여기서 다시 l이 크면 손님이 마트 안에서 장을 오래 보는 것이고 반대로 작다면 물건을 사서 빨리 돌아갔다는 뜻이 된다.

이제 이 두 변수의 움직임으로 예측 가능성을 알아보겠다.

다음 식을 가지고 예측을 한다.

$\dfrac{l}{k}$의 몫을 λ(람다)로 표시하고 임의의 시각에 정확히 k명의 손님이 가게에 있을 확률은 다음과 같은 식으로 나타낼 수 있다.

$$\frac{\lambda^k}{k!}e^{-\lambda}$$

여기서 $k!$(k팩토리얼)은 $1 \times 2 \times 3 \cdots k$이고 $e = 2.718\cdots$은 오일러의 수로서 자연로그이다.

이 식을 잘 해석하면 손님을 위해 그 시간대에 계산대를 몇 개로 운영하는 것이 효과적인지 계산할 수 있다.

예를 들어 $k = 60, l = 120$이라고 해 보자.

평균 60초마다 손님이 한 사람씩 들어오며, 손님이 마트에 머무는 시간은 평균 120초라는 말이다.

즉 $\lambda = 2$이고, 정확히 k명의 손님이 마트에 있을 확률은 다음 표와 같다.

k	0	1	2	3	4	5
손님이 있을 확률	0.135	0.271	0.271	0.180	0.090	0.036

4개의 계산대를 운영하면 손님은 서서 기다릴 필요가 없게 된다는 뜻이다.

4명의 손님이 올 확률은

$0.135 + 0.271 + 0.271 + 0.180 + 0.090 = 0.947$이다.

그러므로 4명 이상이 올 확률은 $1 - 0.947$ 즉, 5%가 약간 넘게 된다는 뜻이다.

통계의 거짓말,
비타민이 사람을 위협한다

수학이라는 이름을 달고 거짓말을 하는 무리들이 많다. 사회 곳곳에 이런 무리들이 존재한다.

통계 자료를 적당히 잘 주무르기만 하면 본질을 얼마든지 조작할 수 있는 것이 통계의 맹점이기도 하다.

통계는 문제를 어떻게 인식할지에 대한 방향만 살짝 바꾸어도 큰 입장 차이가 나도록 만들 수 있다.

두 집단의 이익을 대변하기 위해 똑같은 조사라도 해석의 차이는 극명하게 나뉜다. 그래서 사람들은 거짓말, 그리고 통계라는 말까지 나올 정도이다.

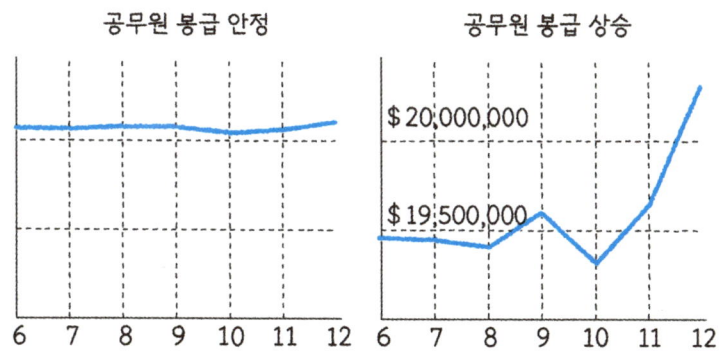

세로축 변경을 통한 왜곡 사례

여론 조사 역시 표현을 어떻게 하느냐에 따라 (수학이 아무리 노력해도) 작성자의 음모가 끼어들 여지가 있다.

앞의 표를 보면 뭔가 느낌이 올 것이다.

똑같은 내용을 가지고도 얼마든지 그래프의 왜곡을 조작할 수 있는 것이 통계의 허점이다.

만약 어느 연구 기관에서 비타민의 과다 섭취가 인체에 미치는 영향을 발표했다고 하자. 그 결과 두 가지의 이점과 해로운 점이 나왔다면 어떤 이는 이점을 강조하여 왜곡을 시킬 수 있고 또 다른 반대 진영은 해로운 점을 부각하여 왜곡을 시도한다.

그래서 비타민은 인체에 이롭다라는 주장과 해롭다는 주장이 엇갈리게 되는 것이다.

언제나 진실을 향한 길에는 함정이 도사리고 있음이다. 두 편으로 나누어지면 이런 현상은 비일비재하다.

문제는 수학적 기준을 제시해야 오류가 없다. 문제는 해석하는 이들의 사심이다. 그렇게 되면 수학 역시도 충분히 진리를 벗어나 보이게 할 수 있다.

이처럼 모든 것은 정의하기 나름이다.

나라가 가난해지기 시작했다는 말에서도 얼마나 가난해야 가난한 사람인가 하는 기준이 모호하기 때문인 것처럼 말이다.

단지 청소년이 스마트폰이나 비싼 청바지를 사지 못한다는 것으로 빈곤의 판단기준으로 삼으려는 자들의 저의를 바로 알아야 한다.

도박에서 돈을 따는 수학

경마에서 높은 배당금을 받는 경우를 본 적이 있는가?

수학을 잘하면 돈을 잃을 확률을 현저히 줄일 수 있다.

N마리의 말이 경주를 한다면 각각의 승률은 1보다 작다. 식으로 나타내면 다음과 같다.

$$Q = a_1 + a_2 + a_3 + \cdots a_n < 1$$

이 값이 1보다 작다면 우리가 돈을 따게 된다. 단지 승률만으로 볼 때 그렇다는 이야기이다.

$$(\text{이익}) = \left(\frac{1}{Q} - 1 \right) \times \text{베팅 총액}$$

어떻게 활용되는지 보자.

말 네 마리의 승률이 각각 $\frac{1}{7}$, $\frac{2}{9}$, $\frac{1}{3}$, $\frac{1}{9}$ 이라면 Q의 값은

$$\frac{1}{7}+\frac{2}{9}+\frac{1}{3}+\frac{1}{9}=\frac{51}{63}<1$$ 이다.

이 상황에서 우리는 1번 말에게 $\frac{1}{7}$, 2번 말에게 $\frac{2}{9}$, 3번 말에게 $\frac{1}{3}$, 4번 말에게 $\frac{1}{9}$ 의 비율로 베팅을 한다면 베팅 총액의 $\frac{12}{51}$ 를 배당받게 된다.

하지만 이건 역시 확률일 뿐이지만 배당률을 높이는 기준이기도 하다.

모든 도박에는 환급률이란 것이 있다. 환급률이란 매 게임이 끝난 후 도박을 한 당사자에게 돌아가는 평균 금액을 나타내는 용어다. 예를 들어 경마의 경우 경주당 총 베팅 금액의 20~28 %를 시작 전에 미리 떼어 낸다. 5명이 모여 200만 원씩 베팅을 하게 되면 이미 280만 원이 사라져 버린다는 것이다. 환급률이 매 게임마다 진행되므로 도박을 오래 하면 할수록 모든 사람이 돈을 잃게 된다.

도박의 주체는 이렇게 자신들이 이길 수밖에 없는 수학적 시스템을 마련해 두고 사람들을 유혹하고 있는 것이다. 수학을 모르면 손해 볼 수 밖에 없지.

그래서 수학은 도박에 모든 것을 걸지 말라고 우리들 귀에 은밀히 속삭인다.

책마다 나오는
몬티 홀 문제

몬티 홀의 문제는 미국의 TV 오락프로그램인 'Let's make a deal'의 진행자 몬티 홀의 이름에서 유래되었다.

아래 문제를 보자.

안이 보이지 않는 세 곳 중 한 곳에는 고급 자동차를, 나머지 두 곳에는 염소를 넣어두고, 프로그램 참가자에게 한 곳을 고르게 한다. 그리고 진행자인 몬티 홀이 나머지 두 곳 중 염소가 있는 곳을 보여 준 후, 참가자에게 선택을 바꿀지 여부를 묻는다. 그 후 참가자가 선택한 곳에 있는 것을 상품으로 받는다.

이 문제는 선택하는 사람을 매우 곤란하게 한다. 선택을 바꾸어 행운을 잡으면 좋지만, 거꾸로 선택을 바꾸어서 행운을 놓치게 되기도 하기 때문이다.

이 경우보다 나은 수학적 선택은 처음 선택을 바꾸는 것이다.

왜냐하면 선택을 바꾸지 않으면 행운을 잡을 확률이 $\frac{1}{3}$이지만 처음 선택을 바꾸게 되면 확률은 $\frac{2}{3}$로 높아지게 된다.

자, 이제 왜 그런지 수학적으로 차근차근 따져 보기로 하자.

선물이 들어 있는 곳은 세 곳이다. 각각을 1번, 2번, 3번이라고 하면, 그곳에 자동차 또는 염소가 들어 있다. 그것을 표로 나타내면 다음과 같다.

1번	2번	3번
자동차	염소	염소
염소	자동차	염소
염소	염소	자동차

이 중에서 참가자가 처음에 어떤 곳을 선택하더라도 안 바꾸는 것이 유리한 경우는 1가지이고, 바꾸는 것이 유리한 경우는 2가지이다.

그래서 바꾸는 것이 훨씬 유리하다.

조금 더 추가 설명을 하면 원래의 선택에서 자동차를 탈 확률은 $\frac{1}{3}$이다. 왜냐하면 애초에 자동차를 숨길 때 모든 문에 똑같은 가능성이 부여되었기 때문이다.

이번에는 선택을 바꿀 때를 알아보면 첫 번째 선택이 틀렸을 때만 자동차를 탈 수 있다. 이때의 확률은 $\frac{2}{3}$로 상승한다.

자동차가 〈문 1〉 혹은 〈문 2〉, 〈문 3〉 뒤에 숨겨져 있을 확률을 p_1, p_2, p_3라고 하면 〈문 1〉을 골랐을 때 그 전에 결정을 바꾸지 않고 자동차를 탈 확률은 p_1과 같고, 그 전에 결정을 바꾸고 자동차를 탈 확률은 $p_2 + p_3$와 같다.

이것은 베이즈 정리를 기반으로 한 수학인데 베이즈 정리는 조건부 확률이다.

조건부 확률

주어진 조건에서 다른 한 사건이 일어날 확률을 뜻한다.

```
┌─────────────────────────────────────────────┐
│  ╭──────────────────╮                        │
│  │  조건부 확률의 성질  │                        │
│  ╰──────────────────╯                        │
│                                               │
│     사건 A가 일어났을 때의 사건 B의 조건부 확률은    │
│                                               │
│          P (B | A) = P(A∩B) / P(A)            │
│                                               │
└─────────────────────────────────────────────┘
```

사건 A가 일어났을 때의 사건 B의 조건부 확률은

$$P(B \mid A) = \frac{P(A \cap B)}{P(A)}$$

뭔가 일어나고 나서 그다음에 일어나는 확률. 베이즈 정리는 그 것을 기반으로 둔 확률이라고 보면 된다.

수학이 변했다
제법 부드럽게

'사람들은 수학만큼 정확한 것은 없다.', '1 + 1 = 2로 명쾌한 것이 수학이다.'라고 말한다. 물론 그 말도 맞다.

하지만 수학 역시 발전해 나가는 역사를 지닌 학문이다.

고대 수학과 근대 수학, 현대 수학, 앞으로의 수학은 좀 더 다른 모습으로 변할 것이다.

우리가 일상생활에서 많이 쓰는 '예쁘다', '빠르다'와 같이 주관적이고 기준이 애매한 것은 그 대상의 기준을 분명히 정할 수 없으므로 집합이라는 수학의 분야에서는 다루지 않았다.

그러나 미국의 수학자 자데는 '예쁘다', '빠르다'와 같은 애매한 기준의 표현을 수학적으로 나타낼 수 있는 방법이 없을까 하는 생각을 하던 중 새로운 수학 이론을 제안하였는데, 그것이 바로 퍼지 집합을 바탕으로 하는 퍼지 이론이다.

퍼지puzzy란 원래 '애매 모호한', '경계가 명확하지 않은'이라는 뜻이다.
퍼지 이론은 불확실함을 수학적으로 다루는 이론이다.

참과 거짓을 명확하게 구분하기 힘든 개념을 다루는 시스템의 연구이기도 하다. 모든 것을 참과 거짓으로 명확히 구분하는 이분법의 논리에 따르는 현재의 컴퓨터로는 사람 말의 뜻, 즉 자연언어의 의미를 올바르게 파악하여 인간과 마찬가지로 추론 연상을 한다는 것은 곤란하다. 명확하게 기준을 나누기 힘든 개념을 다루는 시스템의 연구가 퍼지 시스템의 이론 또는 퍼지 이론이다. 인공지능이나 지식처리의 연구와는 별도의 관점에서 연구되어 왔다. Yes(1), No(0) 등으로 나눌 수 있는 디지털적 발상이 아니라 어느 곳도 아닌 중간 영역에 착안한 발상이다. 이런 발상은 정보처리나 제어 분야에서 성과가 활발하다. 미국·일본 등에서는 로봇·지하철 자동 운행 시스템, 엘리베이터, 음성인식장치, 의료 진단 등에 응용하여 실용화하고 있으며, 경영학이나 마케팅에의 응용도 시도되고 있다.

예를 들어, 기존에 배운 집합의 개념에서는 '빠른 동물의 모임'은 수학적 의미의 집합이 될 수 없었다. 왜냐하면 빠르다는 기준이 몇 km 이상이라는 수학적 기준이 서지 않기 때문이다.

그래서 말은 분명히 빠른 동물이라고 생각할 수 있지만 수학적 기준에서는 객관적인 상황으로 기준을 둘 수 없어서 빠른 동물의 집합이라고 말할 수 없었다.

가장 빠른 새인 군함조에 비하면 말의 속도는 거의 굼벵이 수준이기 때문에 그 객관적 기준을 확립할 수가 없다.

하지만 기존 수학의 기준을 약간 벗어나 생각해 보면 말은 분명 빠른 동물이 맞다. 이런 수학의 약점을 보안하여 지금까지 배워 온 수학에서 '속한다', '속하지 않는다'로 분류되던 것이 퍼지 이론에서는 '속한다', '속하지 않는다', '약간 속한다', '거의 속하지 않는다' 등으로 다양하게 분류할 수 있게 되었다.

이런 퍼지 이론이 우리 실생활에서 어떻게 활용되고 있는지 알아보자.

교통신호등은 과거에는 켜지고 꺼지는 시간이 일정하게 정해져 있었으나 요즘에 개발되고 있는 신호등은 교통량에 따라서 그 시간 간격을 조절하도록 설계되고 있다. 그러니까 사람들이 많을 때는 횡단보도의 파란불이 길게, 사람들이 없을 때는 짧게 이런 식으로 변한 것이 바로 퍼지 이론의 활용이다.

세탁기에도 퍼지 이론이 활용되고 있는데 빨래의 양에 따라 자동으로 물의 양을 조절하는 것이 퍼지 이론을 활용한 사례다.

인공지능 로봇, 퍼지 컴퓨터, 의학, 경영, 교육, 기상 등 불확실성이 내재되어 있는 분야에서도 많이 쓰이고 있다.

앞으로 수학이 어떻게 발달할지 자못 궁금해진다.

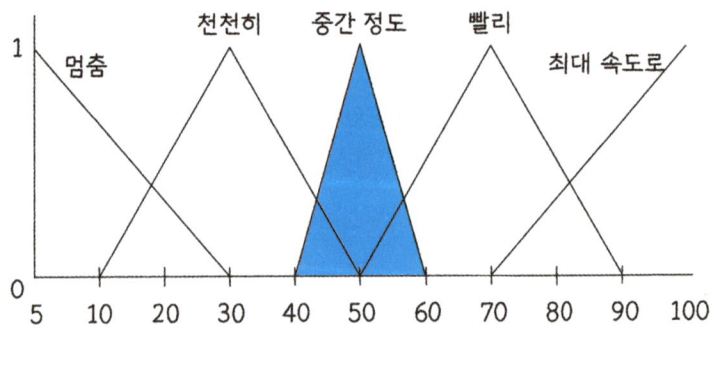

모터의 속도

이런 식으로 속이다니
평균의 장난질

우리가 살다 보면 통계치에 많이 속게 된다. 통계라는 녀석은 수학이면서도 여러 가지 각도에 따라 그 답을 달리하는 특성을 지니고 있다.

어느 회사의 평균 연봉이 1억이라고 한다면 사람들은 놀라게 된다. 그런데 평균이라는 단어가 장난질 친 것일 수도 있다.

예를 들어, 모든 사원의 연봉이 1억이라면 공평하고 좋겠지만 아닌 경우가 있어서 탈이지.

일단 계산의 편리를 보기 위해 사원이 3명이라고 하고 각각 1억씩 번다고 할 때

평균을 구하면 $\dfrac{1억+1억+1억}{3} = \dfrac{3억}{3} = 1억$을 버니 좋네.

하지만 이런 경우도 있다.

한 사원만의 연봉이 2억 5천만 원, 나머지가 각각 2천 500만 원씩일 때 평균을 구하는 식을 보자.

$$\dfrac{2억\,5천만\,원 + 2500만\,원 + 2500만\,원}{3} = \dfrac{3억}{3} = 1억$$

이런 경우 평균 연봉은 1억이다. 평균이라는 수학에 묻혀 연봉이 1억이 안 되는 사원의 심정이 어찌할꼬. 평균이란 단어 속에서 아주 공평한 냄새를 지니고 있는 듯 보이지만 사실 평균이라는 놈은

이렇게 다른 속성을 지니고 있다.

　이런 경우는 제법 있다.

　어떠한 수영을 못하는 무리들이 있었는데 그들은 수심이 평균 1 m인 강을 건너기로 한다. 그 무리들의 키는 모두 160 cm 이상이었다.

　그래서 모두들 안심하며 자신의 키를 믿고 그 강을 건너다가 모두 죽고 말았다.

　그들은 왜 목숨을 잃었을까? 그들은 평균의 함정을 믿었기 때문에 그런 결과를 가져온 것이다. 그 강물의 평균 수심은 아무리 계산을 해 봐도 1 m가 맞다. 그런데 말이지. 잘 가다가 수심이 2 m 이상인 곳이 곳곳에 있었거든. 그래서 그 지역에서 사람들이 모두 빠져 죽은 것이다.

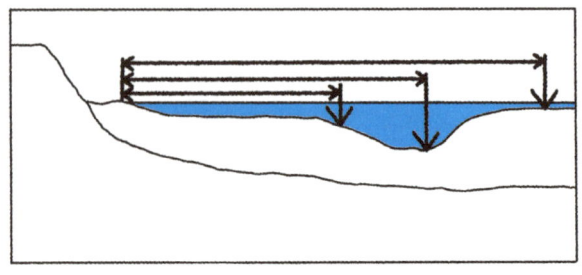

주의!
수심은 평균 1m이지만 더 깊은 곳도 있음

왜 이런 결과가 나오는지는 수학적으로 생각해 보면 알 수 있다. 수심이 1 m도 안 되는 지역이 수심이 2 m가 넘는 지역을 상쇄해주면서 평균의 수심을 낮추는 작용을 했기 때문이다.

이런 예는 하나의 이야기에 불과하지만 비슷한 경우는 우리 일상에 종종 숨어 있다는 것을 알아야 한다.

약의 부작용 등은 항상 통계의 함정이 도사리고 있기 때문이다. 어떤 약이 안전하다는 뜻은 평균적으로 안전하다는 것을 의미하지 어디까지나 100 % 안전하다는 것이 아니기 때문이다.

백신의 안정도 역시 어디까지나 평균적이라는 뜻을 내포하고 있다는 사실을 알아두었으면 한다.

그리고 이런 평균의 오류에는 또 다른 위험 요소와 속일 수 있는 요건이 내포되어 있다.

만약 어느 강의 오염도를 조사한다고 해 보자. 여기서 만약 깨끗한 부분의 표본을 추출해서 실험을 한다면 그것을 얼마나 신뢰할 수 있을까? 전체 강의 표본을 추출하지 않는다면 강물의 오염도를 정확히 실험하기 위해서 그 강의 구석구석 표본을 추출해서 평균치를 알아야 할 것이다. 그런데 강 상류 깨끗한 지역에서만 표본을 추출하여 평균을 계산해 낸다면 그것은 분명 정확한 실험이 되지 못할 것이다.

떡잎부터 잘못된 수학

아직도 사람들은 수에 대한 신뢰성이 높다. 하지만 정확성을 생명으로 하는 수학 역시 누군가의 조작에 의해 거짓을 뻔뻔스럽게 외쳐 댈 수 있다.

가령, 두 종류의 신문 중 더 많이 구독하는 신문을 조사한다면 서로 다른 결과를 얼마든지 가져올 수도 있다.

A라는 신문과 B라는 신문이 있을 때 A 신문의 독자는 10만이고 B라는 신문의 독자가 100만이라 하더라도 우리가 조사하기에 따라 A라는 신문의 독자가 더 많은 것으로 나올 수 있다. 어떻게 그런 경우가 있냐고? 일일이 다 조사하더라도 그런 경우는 생긴다.

전화로 조사를 하여도 조사 대상자들이 거짓으로 말하면 그런 경우가 생긴다. 이건 수학이 아니잖아 할지 모르지만 수학을 너무 좁은 범위로 잡지 마라. 조사 방법이 바로 수학일 수 있으니까.

우리가 전화 조사를 하면 다 제대로 된 결과가 나올 거라고 생각하지만 그렇지 않은 경우가 종종 있기 때문에 이런 이야기를 하는 것이다.

사람들은 민감한 사안에 대해 굳이 전화 조사에서 사실을 말하고 싶지 않은 심리가 작용한다.

개인적인 의견을 굳이 밝힐 이유가 없기 때문이다. 이런 통계의 잘못된 조사 방법을 통해 더욱더 자신의 이익의 관점에 따라 왜곡시키는 것은 전혀 어려운 일이 아니다. 우리는 지금 그런 시대에 살고 있다.

이렇게 말을 해도 막상 자신의 어떤 사안에 대한 판단을 할 때는 그런 근거를 필요에 따라 사실처럼 이야기하는 인간의 속성을 무시할 수 없다.

이런 조작적 주장의 달인들이 지금의 정치인들이다. 그리고 그런 편향성에 몰입하여 잣대를 대는 사람들을 보면 정말 그들이 무엇을 판단하고 생각하는지 아련하다.

통계를 배우는 이들의 유명한 말이 있다. 거짓말 그리고 거짓말과 통계. 거짓말의 상위 레벨이 통계라는 것이다.

우리는 통계를 낼 때 그 조사자의 도덕성과 엄정함을 하나의 요소로 두었으면 한다.

재미난 이야기이지만 남자들과 여자들이 사랑했던 이들의 수를 조사한 적이 있었는데 역시 조작의 물이 들어 있었다. 그 속성에는 남자와 여자의 속성이 감춰져 있었다. 하여튼 이런 조사는 그냥 인터넷에 떠도는 의료 지식 같은 정도의 자료에 불과하다. 아무리 잘 조사하더라도 말이다.

의료 지식이라는 말이 나왔으니 하는 말인데 암 조기 발견에 대한 통계 오류에 대해 하나 이야기해 보도록 하자.

흔히 암은 조기 발견하면 완치되거나 수명이 연장될 수 있다고 한다. 그런데 여기에도 통계의 조작이 스며들어 있는 흔적이 보인다.

일반적으로 암은 초기 발견이라고 해도 거의 5년 정도 자란 후 발견된다고 한다. 일단 도표를 하나 보자.

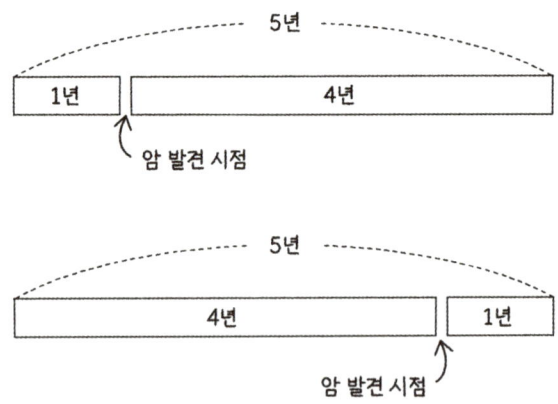

통계를 가지고 장난을 이렇게 치기도 한다. 암을 1년 지점에서 발견하여 수술하고 5년간 생존했다고 말하는 경우와 4년 지점에서 발견하여 늦었다면서 1년 살고 죽었다면 결과적으로 총 5년을 산 셈이 된다. 결과적으로는 1년 후 발견했다고 해서 더 오래 산 것은 아니다. 총수명에는 변함이 없지만 의사들은 치료해서 4년을 더 살았다고 주장하는 것이다.

이것은 수학의 교환법칙이다. 덧셈에 대해 더하는 수와 더해지는 수의 자리를 바꾸더라도 결과는 같다. (1＋4＝4＋1)

결과적으로 조기 발견이나 말기 발견이나 같은 결과를 가져온다는 것이다.

그래서 어떤 의사들은 암의 발견율은 장비의 발달로 증가하고 있지만 사망률에는 변함이 없다고 말한다.

이때는 수학이 진실을 전달하는 것을 보자.

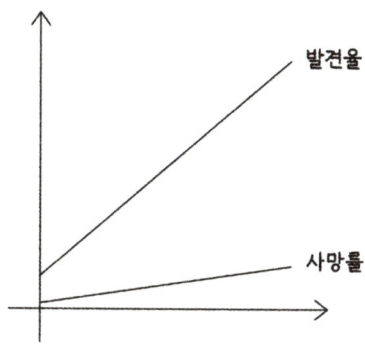

위 도표를 악어 입 그래프라고 하는데 발견율은 증가하는데 사망률은 그대로인 것을 말한다.

이렇게 우리의 수학 공부가 마무리되었다. 수학을 단지 문제 푸는 도구로만 여겼던 친구들에게 우리 일상의 다양한 측면에 깊숙이 관여하고 있었음을 발견하는 계기가 되었기를 바란다. 수학은 단순히 정답을 푸는 도구가 아니라, 문제를 바라보는 다양한 관점과 해석의 과정이다. 수학의 세계는 무한히 넓고, 우리가 배운 내용은 그저 시작에 불과하다. 이 책이 여러분의 수학 공부에 있어 출발점이 되기를 바라며 앞으로도 계속해서 발전하기를 소망한다.

이제 막 수학을 배우기 시작하는 학생들도, 배우고 있는 학생들도 가장 많이 하는 질문이 있다.

소수의 곱셈도 방정식도 미분도 적분에 대한 질문도 아닌 "대체 왜 수학을 배워야 하나요? 계산만 하면 충분히 살 수 있는 것 아닌가요?"이다.

이런 질문들에 대한 대답은 주로 수학의 본질적인 내용에 대한 것이다. 수학을 통해 상상력과 창의력을 기를 수 있기 때문이다. 그런데 감히 보태서 이야기해 보자면 상상력과 창의력에 더하여 이해력과 역사까지도 배울 수 있다.

수학은 우리 인류가 만든 학문이다. 과거의 사람들이 만들었고 현재의 사람들도 그 발전을 위해 노력하거나 배우고 사용하고 있다. 우리가 역사를 배우는 이유를 말할 때 주로 이런 이야기를 한다. 과거의 실수를 반복하지 않고 과거의 성공을 통해 배우고 이를 발판 삼아 미래를 더욱 잘 살아가기 위해서 역사를 배워야 한다고 말이다. 그런데 인류의 역사에서 떼어놓을 수 없는 것이 수학이다.

현재 우리가 입고 먹고 쓰고 있는 것들은 대부분 과거의 인물들이 발견한 수학의 원리를 따르고 있다.

　'수학＝인류의 역사'라고 말해도 과언이 아니다. 수학을 배우는 것은 과거를 배우는 것이고 그 안에 수학과 관련된 역사도 보이기 때문이다. 또한 우리가 만들어갈 미래도 보인다. 수많은 일상에 수학이 녹아 있다. 과거에도 현재에도 그리고 미래에도. 즉, 수학은 인류의 역사와 늘 함께해 온 것이다.

　그저 선생님이, 부모님이, 친구들이 "수학 공부 좀 해." 또는 "수학을 잘해야 대학을 잘 간대."라고 하니까 어쩔 수 없이 억지로 배운다고 생각하지 않았으면 좋겠다.

　진학을 목표로 하는 수학적 측면만을 바라보고 그저 "수학은 어려워.", "수학은 재미없어.", "수학은 복잡해."라고만 생각하면 더욱 하기 싫어질 것이기 때문이다.

　물론 어렵고 지겨울 수 있다. 그렇지만 수학이라는 학문을 통해 역사를 배우고 그 역사를 통해 우리의 인류를 좀 더 이해한다고 생각해보면 어떨까? 현재 우리는 AI시대를 살아가고 있는 사람들이다. 그래서인지 점점 더 인간에 대한 이해가 사라지고 있다. 물론 AI시대를 만드는 것에 많은 도움을 준 것이 수학이지만 그래서 더더욱 수학을 계산만 하는 도구로 생각하면 안 된다. 수학의 역사적 측면을 바라보고 이야기해 주는 스토리텔링 수학을 공부하면 수학이 더 이상 어렵게만 보이지 않을뿐더러 인간을 이해하는 데에도 도움이 된다. 이 책을 통해 얼마나 많은 일상에 과거의 수학적 발견이 쓰이고 있는지, 그리고 앞으로 또 어떻게 발전해 나갈 수 있을지 생각해 보는 시간이 되길 바란다. 우리가 배우는 수학을 더 이상 싫어하지 않는, 문과생도 싫어하지 않고 공부하고 싶어지는 수학이 될 수 있지 않을까 기대해 본다.

김영인

　수학만큼 일상생활에 밀접한 과목도 없을 것이다. 《문과생의 수학 공부》는 우리가 일상 생활에서 놓친 수학적 의미들을 재미있게 다시 확인하며 수학의 맛을 음미할 수 있는 책이다. 대치동에서 많은 학생들을 지도하면서 이런 책이 한 권쯤은 있어야 하지 않을까 하는 마음이 있었는데 너무나 기쁜 마음이다. 수학은 우리와 떼어 놓을 수 없는 과목이다. 많은 학생들이 수학을 너무 힘들어하는데 이 책을 통해서 수학이 얼마나 즐거운 과목이 될 수 있는지 알았으면 좋겠다. 21세기는 이제 문이과통합의 시대로 문이과통합형 인재를 필요로 한다. 수학 공부를 할 때에도 감성과 이성을 둘 다 사용해야 하는 이유이다. 스토리로 익히는 수학은 생각보다 강력하다. 머릿속에도 오래 기억된다. 우리는 너무나 오랫동안 수학을 딱딱하게만 배워왔다. 이제는 조금 다른 방식으로 수학을 공부할 때가 되었다. 특히 함수 부분은 많은 학생들이 어려워하는 단원이다. 이 책에서 이야기를 통해 수학의 재미를 느끼는 시작이 되었으면 한다.

대치동 수학의 열쇠 대표 최영수

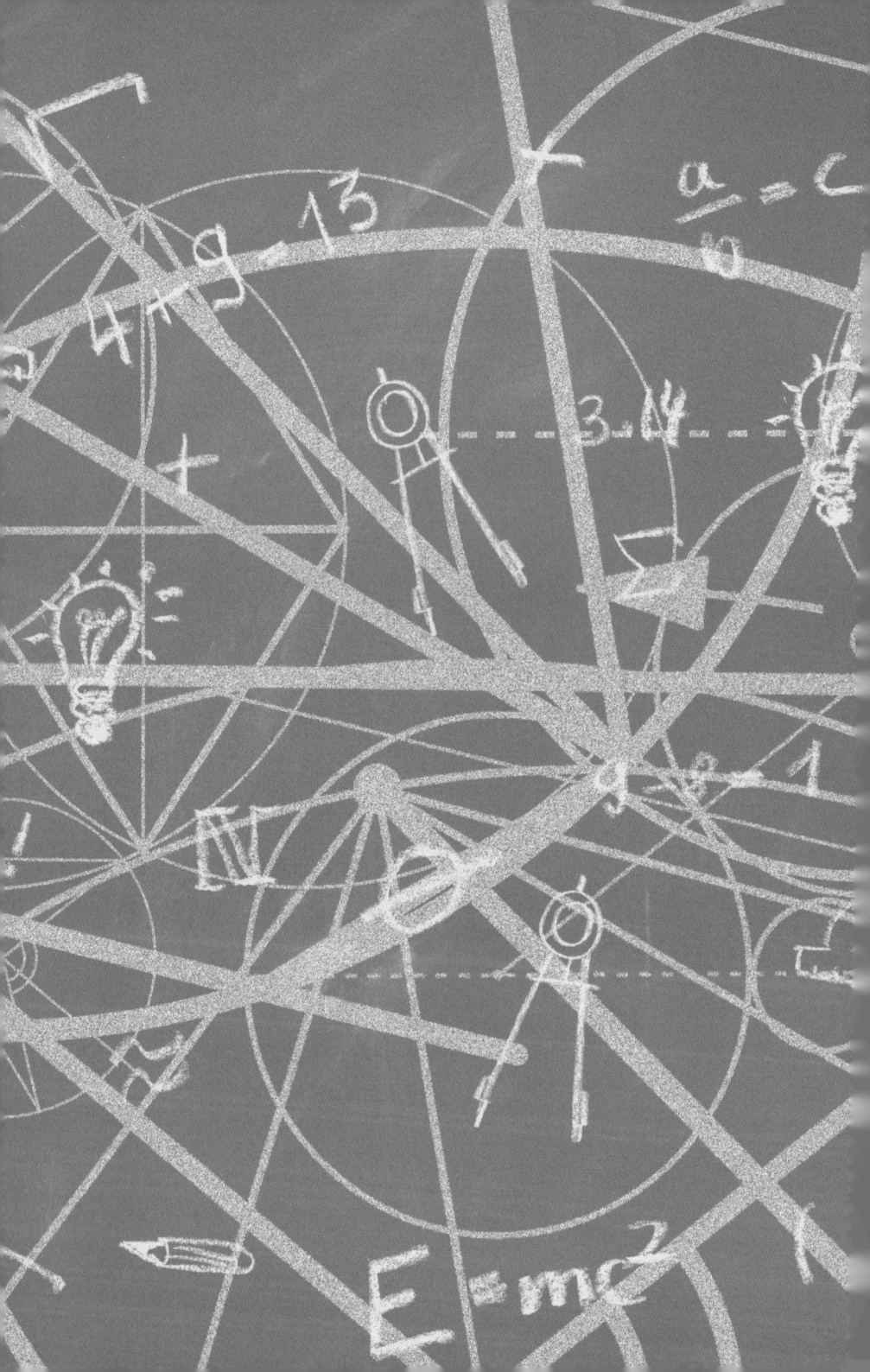